Carmine Rapisarda

Etna, Umbilucus Inferni

EDA

Finito di stampare nel mese di dicembre 2018 per conto dell'autore

Copertina esterna: Mallet, *Mongibello in eruzione*, Incisione su rame a colori mm 95 x 145, Francia, XVIII secolo.
Copertina interna: Rottmann - Woelfie, *L'Etna*, Litografia mm 495 x 345, Monaco di Baviera, 1840 ca.

Etna, mia madre, in una bella grotta abito anch'io tra rocce cave e ho tutto ciò che si vede in sogno: molte pecore, molte caprette, le cui pelli stese ho a testa e a piedi e le salsicce bóllono sopra un fuoco di quercia e nell'inverno le ghiande si arrostiscono alla fiamma.

Teocrito , Idilli, IX, vv 15 21

A.D'Anna, *Eruzione dell'Etna del 1766,* Incisione su rame colorata mm 520 x 690, fine del Settecento.

Introduzione

La Sicilia è sempre stata un crocevia di storia e di miti, luogo preposto ai riti di 'passaggio', territorio di confine tra universi paralleli, l'isola a tre punte, è da tempo immemorabile una enciclopedia simbolica dell'ignoto, una metafora cosmica dove il regno della vita e quello della morte si toccano e sembrano rimandare a una loro intimità primigenia dove, come scrisse Goethe, vi è la chiave di tutto[1].

Dall'imperatore Adriano ad Eschilo, da Empedocle a Bembo, da Hoüel a Goethe, dalle sirene ai ciclopi, da re Artù alla fata Morgana, la Sicilia è stata meta di viaggio e crocevia di culture. L'isola maggiore del Mediterraneo ha visto il suo mito riattivarsi nei secoli, suscitando curiosità ed ammirazione. È stata spesso terra di conquiste, ma grazie alle molteplici stratificazioni si è creata una civiltà con caratteristiche che la rendono unica negli usi e nei costumi.

Ma anche, come la definisce Gesualdo Bufalino, "cento Sicilie", una miriade di Sicilie che ha creato nel siciliano un senso di *isolitudine* dove gli abitanti si sono trovati in mezzo a una cultura occidentale e l'Africa, tra ragione e magia, luce e lutto. Retaggio delle Tesmoforie, feste che celebravano Proserpina-Persefone e la madre Cerere-Demetra.

Ma il mito affonda le radici nella classicità. E l'Etna era un sobborgo dell'Olimpo.

Gregorio di Tours collocò l'Etna tra le sette meraviglie di Dio[2] e tuttavia l'immagine del vulcano non è sempre percepita nei suoi aspetti positivi.

---

[1] «L'Italia senza la Sicilia, non lascia nello spirito immagine alcuna. È in Sicilia che si trova la chiave di tutto» J. W. Goethe, *Viaggio in Italia, 1817*, Milano, Mondadori, 2017

[2] cfr *Liber de cursibus ecclesiasticis*, Ms scritto tra il 575 e il 582

come il cuore del *Mare nostrum*.

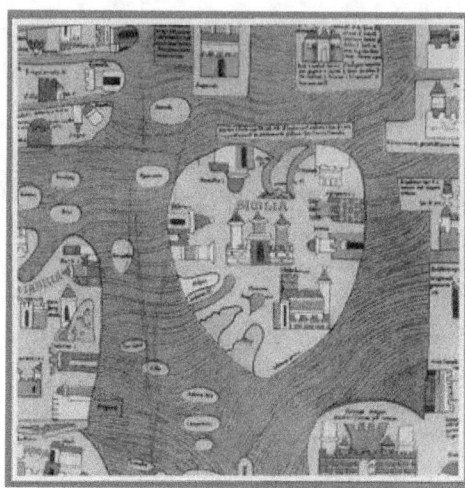

Mappamondo di Ebstorf[3] del XIII secolo

Già nella visione degli antichi Egizi le bocche dei vulcani erano *spiramenta* o *caminos*, ovvero porte dell'inferno.[4]

---

[3] Il mappamondo fu costruito in un convento benedettino presso Ülzen in Germania nel XIII secolo e fungeva da pala d'altare nella Cattedrale di Gervasio di Ebstorf. Venne ritrovato nel 1830 ma fu distrutto durante la seconda guerra mondiale. Era costituito da trenta tavole pergamenacee di diversa dimensione, che unite tra loro davano un diametro di m 3,58 x 3,56. Era una elaborata e splendida versione delle numerose *mappae mundi* tripartite a T e O dell'epoca, chiamate così perché mostrano i tre continenti Asia, Europa e Africa separati da un Mar Mediterraneo a forma di T, mentre l'oceano che circonda le terre emerse è disegnato come una grande O. cfr.
https://it.wikipedia.org/wiki/Mappamondo_di_Ebstorf
[4] Possibili ingressi dell'inferno oltre al vulcano Etna potevano essere situati:
- in una remota parte occidentale, dove non giungevano i raggi del sole;
- presso il Capo Tenaro, all'estremità del Peloponneso;

L'Etna e i diavoli del Gebel

L'Etna, chiamato in dialetto siciliano Mungi-beddu, è un complesso vulcanico originatosi nel Quaternario e ancora attivo. Il suo nome si fa risalire al greco *Aitva*, che deriva dalla parola greca *aitho* (bruciare) o dalla parola fenicia attano (fornace), da cui il latino Aetna. Gli arabi lo chiamavano Jabal *al-burkān* o *Jabal Atma Siqilliya* ("vulcano" o "montagna somma della Sicilia") nome in seguito mutato in *Mons Gibel*, monte-montagna. Per gli scrittori della Grecia classica, il mondo dei morti, il Tartaro, era situato sotto l'Etna.

Virgilio nell'*Eneide*, rammenta Encelado, che giace "dal fulmine percosso e non estinto sotto questa mole" e, quando sospira, si "scuote il monte e la Trinacria tutta", mentre nelle georgiche narra delle officine dei Ciclopi che si danno operosi a far saette "d'ammollato ferro al gran Tonante" e il vulcano "delle pesanti incudini rimbomba".[5]

Ovidio aveva nella sua villa a Sulmona un pozzo dentro cui parlava col demonio, racconta nelle *Metamorfosi* di Tifeo, compagno di Encelado, che esala dalla bocca il fuoco per le caverne ed empie di pomici e di fumo il cielo intorno e tutte le campagne.

La *Teogonia* spiega così la nascita del mondo. Zeus ottenne il dominio del mondo dopo la lotta con la Titanomachia; alcuni si schierarono con Zeus e solo due divinità con Crono.

La sanguinosa guerra fu combattuta in Tessaglia, durò 10 anni e vi partecipò tutta la natura.

- nelle caverne di Colono vicino ad Atene;
- nella costa ionica della Grecia, nella baia di Ammoudia;
- presso Cuma, in Campania, nelle vicinanze del lago Averno;
- nel castello di Pandora, in Turingia (Germania).

[5] M. Fiume, *Sicilia esoterica*, Roma, Newton Compton, 2017.

Gli antichi Dei erano così vinti e *trionfarono i nuovi Dei*. I Titani di Crono, sconfitti, furono gettati in catene nel profondo Tàrtaro sotto la sorveglianza degli ecatonchiri. Zeus rimase, così, signore incontrastato dell'universo, e lo divise coi fratelli *Poseidone*, a cui lasciò il governo del mare, e *Ade* a cui lasciò quello del Tàrtaro, la regione dei morti, che governerà insieme con Persefone.

Busto di Ade, V secolo a.C., Roma, Museo Nazionale Romano

Encelade sous le Mount-Ethna, incisione all'acquaforte,
inizi del sec. XVIII.

Rilievo votivo marmoreo con Demetra e Kore, produzione attica della fine del V sec. a.C. Le iscrizioni presenti sulle cornici, sono d'età ellenistica (II-I sec. a.C.), ai piedi il vulcano Etna: porta per l'Ade. Catania, Museo archeologico presso il castello Ursino.

Zèus, però, dovette ancora lottare per conservarsi il dominio. Gea infatti, indignata per la prigionia in cui erano stati ridotti alcuni dei Titani, si unì col Tàrtaro, e generò un nuovo essere mostruoso, *Tifeo* (o Tifone), che aveva cento teste vomitanti fuoco. Ne venne una nuova battaglia, ma Zèus ne uscì ancora vittorioso, scaraventando Tifèo nel Tàrtaro o, come fu da alcuni narrato, nelle viscere *dell'Etna.* Un'altra lotta fu quella dei *Giganti* contro Zèus; lotta che fu combattuta nella pianura di *Flegra,* alle falde dell'Olimpo, da *Encelado, Efiafle, Porfirio* ed altri, che tentarono di dar la scalata all'Olimpo sovrapponendo il monte Ossa sul Pèlio. Parteciparono alla battaglia tutti gli Dei, aiutati anche da Èracle e da Diòniso; e alla fine i Giganti furono vinti, e furono precipitati in catene nel Tàrtaro.

I miti e/o le divinità accennati in questa sede perché legati alla Sicilia sono: Ade, Persefone, Efesto, Pan, Tartaro, Encelado e Tifeo.

Sulle falde dell'Etna esistevano i templi dedicati ad Efesto (in Aitna) e al dio Adrano (ad Adrano), considerate divinità telluriche che avevano la caratteristica di essere circondati da cani cirnechi con lo scopo di proteggere i templi.

La relazione tra Etna ed Efesto era già stata trattata da Pindaro nella *Pitica* I che fissava nell'Etna il luogo del supplizio divino e dal poeta greco Simonide (550 a.C. circa – 467 a.C.).

L' Ade è un luogo correlato all'Olimpo; ad aver visitato da vivi il regno dei morti sono Ulisse, Enea, Ercole, Orfeo, Teseo, Pirotoo.

Il tempio di Efesto nella collina di Paternò (foto di C.Rapisarda)

Mallet, *Mongibello in eruzione*, incisione su rame a colori, mm 95 x 145, Francia XVIII sec.

Etna nella classicità

*"L'Etna tuona di orrende rovine,
e talvolta vomita nel cielo una nera nube, e solleva globi di fiamme e
lambisce le stelle...".[6]*

Per gli scrittori della Grecia classica, il "mondo dei morti", il Tartaro era situato sotto l'Etna.

Punto focale dell'isola resta quindi il suo vulcano, l'Etna, la cui fama è storicamente riconducibile sin dal V secolo a C. quando il tiranno Ierone da Siracusa espulse gli Ioni per sostituirli con i Dori per poi mutare il nome di Catania in Aitna. Ierone per celebrare la fondazione della nuova città si avvalse di due poeti greci: Pindaro[7] ed Eschilo[8]; essi descrivono in modo meraviglioso l'eruzione del 475 a.C.

Pindaro dedicò all'Etna la prima Ode Pitica nel 470 a.C. ed Eschilo compose le *Etnee*, un dramma purtroppo oggi disperso e giunto a noi se non per pochi frammenti.

L'Etna con le sue eruzioni è ancora menzionato ne *La guerra del Peloponneso* di Tucidide, ma la vera fama del Monte è legata alla leggenda di Empedocle che, secondo la tradizione, dopo la metà del V secolo si scaraventò nelle sue viscere. Platone si recò in Sicilia nel 387 dove visitò l'Etna ed elaborò per primo il concetto di fuoco centrale.

Per i romani comunque esercita un certo timore, basti pensare che lo stesso imperatore romano Caligola fuggì dalla Sicilia per

---

[6]Virgilio, *Eneide*, libro III vv. 571 ss.

[7] Pindaro, *Prima Ode Pitica* (c.518-c.438 a.C.), vv. 21-28.

[8]Aeschylus scrisse una tetralogia, della quale ci è pervenuto il solo *Prometeo desmòtes o Legato o Incatenato*, di soli 1094 versi, vedi *Fragments Greek tragedy.*

paura dei boati dell'Etna.[9] Ma è Tertulliano (ca. 155 - ca. 230) il primo ad accostare, anche se genericamente, le fiamme eterne della pena al fuoco dei vulcani, che brucia senza smettere di ardere e senza perdita di materia ignea[10]; un riferimento più dettagliato lo troviamo in Minucio Felice (sec. II-III), che paragona l'eterno fuoco castigatore con quello dei vulcani Etna e Vesuvio[11]; il cristianesimo si diffonde anche in Oriente e così nel greco *Martyrium Pionii* del 300 ca (4, 21), composto poco dopo la morte del martire Pionio nel 250, il fuoco dell'Etna è menzionato dal santo come prova del Giudizio che incombe sul mondo[12].

Etna *Locus horribilis*

Paolo Garbini riporta nel suo esaustivo saggio[13] come l'Etna veniva considerato un *Locus* non *amoenus* ma *horribilis*: "Il vulcano produce una naturalissima retorica dello spavento, la quale - prima che nella penna dei poeti - è lì, *in re vili*: il vulcano è un ossimoro geologico, perché mescola e dissimula i quattro elementi - terra, aria, acqua, fuoco - congiungendoli per via di

---

[9]Peregrinatione quidem Siciliensi irrisis multum locorum miraculis repente a Messana noctu profugit Aetnaei verticis fumo ac murmure pavefactus. Svetonio, *De Vita Caesarum, Caligula*.

[10]Tertulliano, *De paenitentia* 12, 2-4;
  Tertulliano, *Apologeticum* 48, 15;

[11] M. Minucio Felice, *Octavius*, 197, ca, 35, 3.

[12]Cfr. G. Magno, *Storie di santi e di diavoli*, vol. 1 libro II, a cura di S. Pricoco e M. Simonetti, Milano, A. Mondadori, 2006, p. 476.

[13] P. Garbini, *Il Visibilio Funesto: I Vulcani nel Medioevo latino*, Relazione presentata in occasione degli "Incontri di Studio del M.Æ.S." Università di Bologna, 9 maggio 2008.

ardite quanto naturali polarizzazioni, capaci di provocare immagini perturbanti, sospese tra l'attrazione e la ripulsa. L'Etna aggiunge al riguardo un ossimoro peculiarmente straniante, essendo montagna che produce fuoco e neve; proprio di "strano congiungimento del fuoco con la neve" scrive per esempio nel suo *Dizionario alfabetico dei paesi* (seconda metà del sec. XII) Yaqut, uno dei numerosi geografi arabi medievali che hanno descritto con attonita curiosità i fenomeni vulcanici[14].

La compresenza degli opposti Nero-bianco, acqua-fuoco; mare-montagna; luce-tenebra; cielo-inferi ha suscitato una doppia ermeneutica, la filologia e la critica, così l'Etna come gli altri vulcani è stato oggetto di curiosità scientifiche che fantastiche ("la focina negra" del Mongibello dantesco, *Inf.* XIV 56)[15] per ritornare mito. E proprio a causa della spettacolarità delle eruzioni, spesso e inevitabilmente le due attitudini, la scientifica e la poetica, si sono intreccian.o

I poeti romantici riusciranno a trovare il giusto equilibrio nel sublime.

Alla fine del mondo antico, nel poemetto *De raptu Proserpinae*, Claudiano accenna alla vulcanologia, ma in realtà dell'Etna recupera in pieno i connotati mitologici e poetici[16]. Nel millennio medievale troviamo il dialogo *De Aetna*, che Pietro Bembo scrisse per raccontare la sua ascesa sul vulcano e riportare la precisa

---

[14] M. Amari, *Biblioteca arabo-sicula ossia raccolta di testi arabici che toccano la geografia, la storia, la biografia e la bibliografia della Sicilia raccolti e tradotti in Italiano*, seconda ed. riveduta da U. Rizzitano, Palermo, 1997.

[15] Una larga panoramica su leggende relative ai vulcani di tutto il mondo forniscono R. Santacroce – M. Di Paola, *Myths and Volcanoes*, «Acta Vulcanologica» XVIII, 2006, pp. 11-34.

[16] Claudiano, *Il rapimento di Proserpina. La guerra dei Goti*, intr., trad. e note di F. Serpa, Milano, Rizzoli, 1981.

testimonianza dell'eruzione del 1493[17]. Il mito si intreccia ancora una volta con la scienza nel Cinque e nel Seicento.[18]

Come sottolinea Garbini "Tra l'Etna di Claudiano e quello di Bembo ribollono i crateri di un Medioevo inquietato. Ma c'è ancora un antefatto che è anche la svolta di questa storia: il Cristianesimo."[19]

Le eruzioni diventano un deterrente, Maria Corti lo mette in evidenza nel suo saggio, Catasto Magico: "la Valle del Bove, la Val Calanna sono segnali di un monito divino ai malvagi del futuro perché si spaventino a dovere".[20]

E ancora Garbini riporta altre preziose testimonianze[21]: "L'inferno vulcanico è veicolato anche dai predicatori, così per esempio nel sec. XII Giuliano di Vézelay, *Sermo* XXI[22] sul Giudizio finale, a proposito di coloro che sono condannati a bruciare nell'inferno o nel purgatorio scrive:

"In effetti, per non parlare di quelli che sono arsi dalla geenna, i quali vengono chiamati 'etnici' dalla parola 'Etna', a causa di quel fuoco eterno, e per i quali non vi è più alcun riposo..." e successivamente, alimentando una tradizione che parte da Tertulliano: "Il fuoco aderisce al suo alimento senza interruzioni e

---

[17] *"De Aetna". Il testo di Pietro Bembo* tradotto e presentato da V. E. Alfieri, note di M. Carapezza e L. Palermo, Sciascia, 1981; P. Bembo, *Lyric Poetry. Etna*, ed. and transl. by M. P. Chatfield, Harvard 2005.

[18] V.Merola, *La fortuna del mito dell'Etna tra 500 e 600*, in *Spazi, geografie e testi*, in Studi e testi italiani a c. di Siriana Sgavicchia, Bulzoni, Roma 2004.

[19] P. Garbini, *Il Visibilio funesto*, cit.

[20] M. Corti, *Catasto Magico*, Torino, Einaudi,1999

[21] P. Garbini, *Il Visibilio funesto*, cit.

[22] G.di Vézelay, *discorsi*, SC 192 in J.Le Goff nel suo: *La naissance du Purgatoire*, Paris, 1980.

senza consumarlo ... così l'Etna non smette di ardere, forse sin dall'origine del mondo, senza perdita di materia ignea"[23].

Boncompagno da Signa scrive così nella sua *Rhetorica novissima* del 1235, ricordando un pellegrinaggio in Terrasanta (8.1.15):

"Mi ricordo di avere visto una montagna, che i letterati chiamano Etna e il volgo Vulcano, e mentre le navigavamo da presso, da quella montagna vidi eruttare globi di zolfo infuocati e incandescenti e questo, come dicono, succede sempre. Perciò molti ritengono che lì ci sia la bocca dell'Inferno. In ogni modo, dovunque sia l'Inferno, io credo davvero che in quella voragine sia torturato Satana, principe dei demoni, con le sue schiere"[24].

Troviamo testimonianze anche nell'agiografia. La *Legenda aurea* di Iacopo da Varazze diventa un input per certi racconti relativi all'isola di Vulcano: nel capitolo CLXXVII, *De sancto Pelagio papa* menziona l'episodio di Simmaco, con citazione della fonte Gregorio Magno[25]; nel capitolo CXIX, *De sancto Bartholomaeo* riporta il miracolo del santo, già raccontato da Teodoro Studita e tradotto da Anastasio Bibliotecario[26]; nel capitolo CLIX *De commemoratione omnium fidelium defunctorum* ricorda l'episodio narrato da Pier Damiani nella *Vita Odilonis*[27].

---

[23] J. Le Goff, *La nascita del purgatorio*, traduzione De Angeli, Torino, Einaudi, 2014, pp. 227-228.

[24] C. de Boncompagnis, *Rethorica Novissima* in *Bibliotheca Iuridica Medii Aevi, Scripta anecdota antiquissimorum glossatorum*, Bologna, ed. Augusto Gaudenzi, 1892, vol. II, p. 278.

[25] I. Da Varazze, *Legenda aurea con le miniature del codice Ambrosiano C 240 inf.*, testo crit. riv. e comm. a cura di G. P. Maggioni, vol. II, Firenze 2007, pp. 1408-1409.

[26] I. Da Varazze, *Legenda aurea ... cit.*, pp. 1408-1409, pp. 932-933.

[27] *idem*, pp. 1248-1249.

Le Leggende dell'Ade

Tifeo giace sotto l'Etna

Pindaro, Eschilo e Ovidio raccontano che sotto la Sicilia geme Tifeo. Questi osò impadronirsi dell'Olimpo, così Zeus gli scagliò addosso l'isola, inchiodandolo. La testa è schiacciata dall'Etna, che pulsa con il suo respiro e vomita sabbia e fiamme dalla bocca. Alle volte Tifeo cerca di scrollarsi di dosso questo peso insopportabile e dunque la terra trema. Così narra Ovidio: "Immensa sulle membra di un gigante si distende l'isola di Trinacria: sotto il suo enorme peso tiene schiacciato Tifeo, che aveva osato aspirare alle sedi dei celesti.

Lui, è vero, si agita dibattendosi per rialzarsi, ma sopra la sua mano destra sta Peloro, vicino all'Ausonia, sopra la sinistra tu, Pachino; Lilibeo gli preme le gambe, sopra il capo gli grava l'Etna; e Tifeo riverso sul fondo dalla bocca inferocito erutta lava e vomita fiamme.

Spesso si sforza di rimuovere la crosta che l'opprime e di scrollarsi di dosso città e montagne: allora trema la terra e persino il re dei morti teme che il suolo si squarci, che una voragine ne riveli i segreti e che la luce irrompendo semini tra le ombre terrore e caos".[28]

Proprio temendo queste calamità il sovrano era uscito dal regno delle tenebre e su un cocchio aggiogato a neri cavalli percorreva la Sicilia per saggiarne le fondamenta.

---

[28] Cfr. Ovidio, *Metamorfosi*, libro V: vv. 346-358.

14

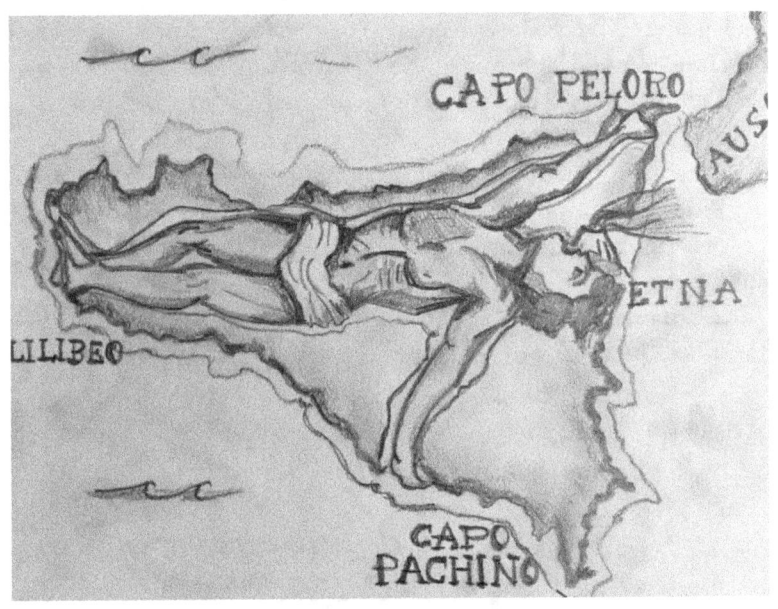

Tifeo imprigionato sotto la Sicilia,
disegno di Giusi Giugno, 2018

Il Ratto di Proserpina

Dea bellissima, figlia di Cerere (Demetra), dea delle messi, Grande Madre, simbolo di fertilità del benessere e dell'abbondanza. Mentre giocava con le ninfe del suo coro sulle rive del lago Pergusa a Enna fu rapita dal suo spasimante Plutone re dell'Ade e trascinata sulla sua biga, trainata da quattro cavalli neri, ne divenne la sposa e fu regina degli Inferi.

Demetra chiese a Zeus di intervenire e questi le mandò a dire tramite il messaggero Ermes, che poteva avere sua figlia solo se questa non aveva ancora mangiato il cibo dei morti (la melagrana). Ma Kore ne aveva mangiato 7 chicchi e pertanto divenne regina degli inferi. Zeus, temendo la siccità causata dal dolore di Cerere, stabilì che poteva ritornare in superficie per sei mesi e poi trascorrere sei mesi all'anno ancora con Plutone. Cerere smise di rendere felici i campi e fece calare il freddo ed il gelo durante i mesi in cui la figlia era assente come segno di dolore, per poi far risvegliare la natura per il ritorno di Proserpina sulla terra.

L'Etna demoniaca assume due facce quella di Proserpina, fertilità e quella di Tifeo, distruzione e morte.

La Grotta di Proserpina, porta dell'Ade

Del mito di Proserpina ne parla Claudiano, poeta della tarda latinità, ricalcando le orme di Ovidio, nel suo poema, il *De raptu Proserpinae*. Il poeta alessandrino visitò la Sicilia e Catania dove, sembra, non solo fu affascinato dalla bellezza dei luoghi etnei ma probabilmente raccolse anche un'antica versione della leggenda che voleva che la dea fosse stata rapita sulle pendici dell'Etna.

Gian Lorenzo Bernini, Il ratto di Proserpina, 1621

Ecco come Claudiano descrive il rapimento e il luogo collinare ove si apriva la grotta da cui uscì Plutone col suo carro per rapire Proserpina:

Forma loci superat flores;
curvata tumore parvo planities et mollibus
edita clivis creverat in collem.
Vivo de pumice fontes roscida
mobilibus lambebant gramina rivis

Esametri che nella versione italiana di Francesco Guglielmino vengono tradotti così:

La bellezza del luogo supera quello dei fiori:
la pianura s'incurva dolcemente
e si eleva in una collina dal molle declivo.
Una fonte, scaturendo da una grotta di nudi sassi
lambisce col suo mobile efflusso le roride erbe

La parola *pumix* rimanda al fondovalle dell'Etna e la cavità è stata localizzata nell'altura di Santa Sofia che sovrasta Catania; una "collina dal molle declivo" in cui appunto si apre una grotta vulcanica che la tradizione vuole molto lunga e profonda, perfetta come porta dell'Ade chiamata *Grotta di Proserpina*. Tali *Catanesi Scrittori* pensarono dunque "che gli antichi qui avessero localizzato il ratto di Proserpina e fatto sorgere un tempio ed un boschetto di cui il D'Arcangelo e il Grossi dànno persino l'immagine. Per questa ragione essi chiamarono la collina di Cibali: *Coereris arx*."[29] (detta anche contrada della *Licathia* o *Ecathea*, da Ecate uno dei nomi di Proserpina).

La grotta oggi interrata viene così descritta dal Carrera: *"Questa grotta di Proserpina gira attorno all'entrata cento piedi; l'Archangelo vi dà di giro undici canne; la larghezza nel mezzo è cinquanta palmi, nella parte più bassa venticinque; l'altezza, ò profondità secondo il medesimo Archangelo è quasi 27 canne, ma non per tanta, perché hoggidì si vede impacciata di gran copia di sassi, e di terra, che son cascati dall'alto, nondimeno per quelle rovine vi si scende. Quando s'arriva à basso nel suolo, si vede à fianco una gran bocca à somiglianza d'una porta di grotta, la qual guarda verso Tramontana; e stimasi, che si stenda in lungo infino al mare quasi per lo spatio di un miglio, e mezzo. I contadini hanno osservato nel tempo di grosse pioggie, che v'entrano copiosi torrenti, e tutti sono inghiottiti da quella cavernosa voragine, senza che rimanga in essa picciol vestigio d'acqua"*[30].

La descrizione del Carrera si limita solo alla parte iniziale della cavità che sembra un grande antro in parte invaso da crolli ma nel quale era possibile discendere fino a raggiungere l'apparente imboccatura di una galleria diretta a valle.

---

[29] G. Libertini, nota in A. Holm, *Catania Antica*, Catania, Libreria Tirelli, 1925, p. 68.

[30] P. Carrera, *Il Mongibello descritto da don Pietro Carrera in tre libri*, Catania, Senato, 1636, pp. 190-191.

La leggenda di Gammazita e Amenano

Una delle tante versioni sulla leggenda di Gammazita rimanda alla mitologia. Gamma (variante di Gemma) è una ninfa acquatica ed è innamorata (zita) del pastorello Amenano. Il giorno delle nozze intervenne il potente Ade, anch'egli innamorato della ninfa, ma l'amore non soltanto non fu corrisposto ma suscitò l'ira della moglie di Ade, Proserpina, la quale ingelosita si vendicò tramutando Gemma in una fonte. Gli dei dell'Olimpo, commossi dal dolore di Amenano, trasformarono anche lui in fonte. Le acque dei due innamorati si incontrano e si mischiano nel pozzo di Gammazita dove sulle pareti a volte si può intravedere il colore rosso del sangue.

Dall'Ade all'Inferno

Un'antichissima leggenda che risale agli antichi Egizi narra che i crateri dei vulcani rappresentano le porte dell'inferno. In questi anfratti, i giganti venivano torturati in oscurissimi luoghi sotto le acque. La leggenda passò poi in Grecia, quindi in Etruria e infine a Roma. Col Cristianesimo, i demoni che sputano fuoco e zolfo tormentano i peccatori, l'inferno è sottoterra, qui i diavoli a volte custodiscono tesori: I crateri, chiusi o aperti, sono le porte dell'inferno, il cratere dell'Etna è la più grande e la più terribile di queste porte.

I Fratelli pii

Le conoscenze scientifiche e mitologiche relative all'Etna in epoca classica erano confluite, probabilmente prima del 79 d.C., nel poemetto pseudovirgiliano *Aetna*, in cui l'autore va alla ricerca delle cause naturali del fenomeno vulcanico. L'autore conclude la sua opera con la leggendaria storia di Anfinomo e di Anapio, i quali salvano i vecchi genitori[31].

Un nuvolone di fumo densissimo aveva oscurato il cielo. Il sole divenne sanguigno e un boato fece sussultare le pendici screpolate dell'Etna. Si precipitarono giù a valle i contadini e i pastori, trascinando con sé le poche e misere masserizie e spingendosi innanzi bovi mugghianti e pecore impazzite e cani che ululavano, in un inferno di ceneri infocate, di scosse paurose e di bagliori cupi e accecanti,

_Tornate, tornate indietro! Disgraziati, la montagna sta divampando! la sciara è entrata come serpente nelle nostre case! è il giudizio di Dio, è la morte…

Ma Anfinomo e Anapio, madidi di sudore, guizzanti nei muscoli, con l'ansia nel petto in tumulto, sfuggivano come due nibbi alle mani che cercavano di agguantarli, e salivano: salivano disperatamente incontro alla morte e contro la natura spietata.

E lì trovarono i due vecchietti paralitici, accostati ad un angolo della capanna, abbracciati e rassegnati a morire e felici quasi che i loro figli fossero in salvo. -Padre, madre! Ché non sentite? Siamo qui, i vostri figli? Anfinomo, Anapio…

-Il torrente di lava stava già per investire la capanna. I fratelli pii si caricarono sulle spalle i loro genitori, e giù, anch'essi verso la valle lontana.

---

[31] *Appendix Vergiliana*, pref. di L. Canali, a cura di M. G. Iodice, Milano 2002. «Eikasmós» XVIII.

- Si voltarono a vedere per l'ultima volta il loro tugurio che scompariva tra il fumo e le fiamme, si fermarono un poco, atterriti; ma il fuoco non lo maledissero...

-Poi fu una gara tremenda tra l'impeto della natura e la fragile forza degli uomini.

Vinse la natura e il torrente raggiunse i fratelli; ma la loro pietà aveva vinto al cospetto di Dio; il fuoco si divise in due ali, circondò in una corona rossa di amore i due giovani carichi del loro pietoso fardello, li accompagnò per tutta la notte, li consegnò incolumi all'alba che schiariva, alla memoria commossa degli uomini, alle rievocazioni di Pausania, di Strabone, di Claudiano, di Ausonio, di Virgilio, al trascorrere lento dei secoli...

Lassù, oltre i Pizzi Deneri, il vento canta ancora nella desolata solitudine l'immortale leggenda.

E i Fratelli Pii, nei loro manti oscuri di sciara, vigilano, sacerdoti immortali, a guardia dei penetrali sacri del Dio.[32]

[32] S. Calì, *I fratelli Pii* in *I diavoli del Gebel, Leggendario dell'Etna*, Palermo, Gelka Editori, 1995, pp. 144-145.

I Fratelli Pii, candelabro piazza Università Catania, Artista Mimì Maria Lazzaro, scultore Tudisco, 1957, (foto di Giusi Giugno).

La Cristianizzazione

Col sincretismo religioso, il dio vulcano inizia un processo di antropomorfizzazione e venne assimilato al demonio, e così l'Etna da Ade diventò inferno.

La credenza viene avvalorata dal Vescovo Patrizio, martire sotto Decio, da Minucio Felice (III secolo) a Paciano vescovo di Parcinone (IV secolo), Girolamo (V secolo), da Gregorio Magno (VI secolo) e dai Padri della Chiesa, *tutti* affermano che coloro che muoiono nell'ira di Dio vengono tormentati e divorati nel fuoco dell'Etna.[33]

L'antro del demonio e l'eremo del Santo

Secondo la tradizione classica l'enorme caverna infuocata dell'Etna era occupata da Vulcano-Efesto[34], dio del fuoco, che vi impiantò la mitica fucina in cui i ciclopi Bronte, Sterope e Arge forgiavano le armature per gli eroi e fulmini per Giove.

Con l'avvento del cristianesimo, Vulcano fu sostituito da Lucifero, e l'Etna da officina ad inferno.

Pitrè riporta una leggenda molto esplicativa, il grande antro etneo, dopo lo scontro dei campioni del bene e del male, diviene dimora del demonio e quindi sede dell'inferno. Il vulcano schiaccia Lucifero come già fece con Encelado e Tifeo; il cratere e le grotte diventano porte degli inferi.

---

[33] V. L. Gotti, *La* vera *Chiesa di Cristo dimostrata da' segni, e da' dogmi contra i due libri di V. Di Giacomo Picenino intitolati Apologia per i riformatori, e per la Religione Riformata, e trionfo della Vera Religione*, Bologna, Pisarri, 1719.

[34] I miti greci sostengono che Efesto fosse la parte civile pura del fuoco che protegge e riscalda, mentre secondo i miti romani *Vulcano* rappresentava la parte oscura e malvagia del fuoco che distruggeva e uccideva in un inferno di cenere e lapilli.

Efesto e i Ciclopi forgiano lo scudo di Achille, bassorilievo marmo, s.d., Pinacoteca Capitolina, Palazzo Conservatori, Rome.

"Quando il Signore creava il mondo, creò anche gli Angeli, gli Arcangeli, i Serafini, i Cherubini e tutti. Tra questi Angeli ce n'era uno che si chiamava (Gesù sia lodato!) Lucifero. Lucifero si credette importante, e si mise a fare la guerra al Signore che l'aveva creato. Dio, stanco, mandò S. Michele Arcangelo con un spada di fuoco per farlo uscire dal Paradiso. S. Michele volò con la sua spada e l'inseguì di qua e di là. Lucifero correva da una nuvola all'altra cercando di nascondersi, ma la spada di S. Michele arrivava dappertutto ed era perciò inutile. Quando Lucifero si vide perso, fece un gran salto e si gettò sulla montagna di Mongibello (l'Etna). Dal gran colpo che prese sprofondò sottoterra non so per quante canne. Solo la testa restò fuori, ed era come la testa di un serpente velenoso con certe corna da cui Dio ci scansi! ... S. Michele scese con la spada e tagliò uno di questi corni, che per la

24

furia andò a cadere dentro una grotta vicino Mazzara.

Lucifero per il dolore gettò un urlo spaventoso, che fece atterrire il mondo, e con un morso che diede a S. Michele, gli spezzò una penna dell'ala, e l'ala si trova per reliquia nella città di Caltanissetta. E ora Lucifero infernale è sotto Mongibello."[35]

Dai sotterranei che percorrono il vulcano, il diavolo talvolta appare terrorizzando le genti etnee.

Una leggenda dell'VIII secolo narrata da Calì Fragalà e riportata da Benedetto Radice che l'ha così parafrasata:

"Nel declivio orientale dell'Etna, vicino la grotta della Vennia, sorge una rupe cuneiforme di lava sterilissima, alta più di un metro. In fondo scaturisce l'acqua minerale che si perde mormorando nella grotta vicina. A mezzanotte in punto appare una luce rossastra, le pareti saettano fiamme turchine, il suolo trema; grida disperate di dolore solcano il silenzio della notte, e, al finire dell'ultimo rintocco della campana, tutto ritorna nella quiete. Nessun audace vi pone piede. Qualche pastore che per caso vi passa accanto, si fa il segno della croce, bisbigliando una preghiera. Un giorno d'inverno capitò nel villaggio vicino una mendica. Sul volto incartapecorito, il vizio aveva stampato un marchio profondo; le vesti lacere lasciavano vedere le carni livide, i piedi nudi posavano sulla neve caduta tutta la notte. Un vento diaccio soffiava da tramontana e scoteva le brulle querce che coronavano le alture; ma la sconosciuta, quasi non sentisse freddo, a passo a passo, bussava chiedendo pane e ricovero alle casette sparse in giro, dove la quiete regnava. Ma nessuno ebbe pietà di lei. Bestemmiando corse alla caverna, aggrappandosi alla sporgenza, lesta come uno scoiattolo, discese nel fondo. Allo scoccare della mezzanotte, rombi sotterranei accompagnarono un grido disperato di donna. Si spalancò una voragine di fuoco, lampi sanguigni solcarono l'aria color del piombo; all'ultima eco della campana, la grotta ritornò nel silenzio della notte. Dopo alcuni giorni tre pastori trovarono il cadavere sformato della lurida mendicante in su l'ingresso della caverna, con gli occhi inceneriti, la

---

[35] G. Pitrè, *La Biblioteca delle tradizioni popolari*,1870-1913, pp. 123-124 in http://www.vulcanospeleology.org/sym09/ISV9Iag.pdf

bocca listata di nero, le narici schiacciate. Un vecchio spettatore di quella scena ammutolì. Il luogo è maledetto e ai tocchi della mezzanotte Satana celebra le sue nozze".[36]

L'antropomorfizzazione delle divinità

Marinella Fiume nella sua puntuale trattazione sottolinea come le divinità pagane vengono sostituite da quelle cristiane, "Gli etnologi sostengono per lo più che gli dèi pagani, debellati dai santi, subiscano un processo di antropomorfizzazione, finendo col risorgere sotto forma di diavoli"[37], di conseguenza venendo a mancare l'accento positivo sulla fertilità che aveva la civiltà contadina di epoca pagana, le eruzioni dell'Etna divennero manifestazioni diaboliche e la distruttività di esse insita espiazione di colpe collettive e individuali.

Il diavolo è ovunque *ubique demon*, nei deserti, nei chiostri dei monasteri e tenta anche i Santi come ad esempio Antonio o Macario. Il diavolo è ingannatore e tormentatore degli uomini, pertanto si trova al capezzale degli agonizzanti perché spera di conquistarne l'anima. Pertanto le conflittualità dell'uomo sarebbero una risposta alla conflittualità uomo/natura, uomo/storia che conduce ad estraniare gli eventi negativi come polo negativo del reale talché essi assumono la figura di immagine mitologica illusoriamente proiettata.[38]

---

[36] B. Radice, *Memorie storiche di Bronte*, Bronte, Banca Mutua Popolare di Bronte, 1984, pp. 626-627 in
http://www.vulcanospeleology.org/sym09/ISV9Iag.pdf
[37] cfr M. Fiume, *Sicilia esoterica*, Roma, Newton, 2017, p.19.
[38]Cfr. M. Fiume in S. Calì, *I Diavoli...*, cit. pp. 36-37.

Le contromisure della Chiesa e i Santi esorcisti

La chiesa per esorcizzare la presenza dei presunti demoni prende alcune precauzioni inviando dei santi esorcisti.

Il culto dei santi africani si è diffuso in Sicilia in seguito alle persecuzioni vandaliche; Gregorio, Demetrio e Calogero sarebbero approdati in Sicilia intorno al V secolo.

S. Filippo converte il ministro della regina Candace Eunuco e lo guarisce scacciando il demonio; ad Agira trasformerà i templi in chiese. Ci sarà un proliferare di Santi col nome Filippo. Ne esiste anche un S. Filippo di Aidone (il nome è derivato da Ade) santo nero, colore associato all'inferno.

San Filippo di Agira

(Tracia, 396 - Agira nel 453 circa), operatore di miracoli ed esorcista, l'agiografia bizantina lo ricorda come "Pneumato-dioktis" = Cacciaspiriti, un appellativo che è un *unicum* nell'agiografia ortodossa: S. Filippo porta con sé un libro sacro, probabilmente il Vangelo. È di casa nelle zone etnee. Filippo si reca sulla sommità di un monte, posto di fronte all'Etna e in cui si trovano alcuni demoni qui rifugiatisi dopo essere stati liberati dai vasi in cui erano rinchiusi nel tempio di Gerusalemme. Filippo, utilizzando il volume consegnatogli dal pontefice, impartisce una benedizione in seguito alla quale vede i diavoli precipitarsi giù dal monte, gridando il proprio dolore per essere stati raggiunti e scacciati dalla potente mano dell'apostolo.[39]

---

[39] "Ricevi questo decreto apostolico. Quando nel tuo viaggio di ritorno passerai in Sicilia, troverai in quei luoghi un posto, di nome Arghirion (Agira, Enna), dove avvenne una migrazione di spiriti provenienti da Gerusalemme. Essi erano stati chiusi in vasi di bronzo da Salomone;

Viene considerato un guaritore da malattie quali rabbia e epilessia.

S. Filippo di Agira, XIII secolo, affresco nella cappella di S. Giovanni nel castello di Paternò (foto Trent Zummallen)

ma quando Nabucodonosor entrò in città con i suoi soldati, essi, avendo sfondato le porte del tempio, aprirono i vasi di bronzo, pensando di trovarvi cose preziose. Subito gli spiriti fuggirono e andarono ad abitare in cavità della roccia, di fronte al monte chiamato Etna, che emette un fiume di fuoco. Di esso Satana deve diventare erede, assieme agli spiriti che vi abitano e con tutto il suo esercito e la sua potenza. "Terrai dunque in mano il decreto, e non potrai tornare dai tuoi genitori finché tu non abbia distrutti tutti gli spiriti". Filippo ricevette il decreto affidatogli (dal Papa nda) e subito si imbarcò con il monaco Eusebio; raggiunse per mare Reggio Calabria, si recò poi a Messina e, proseguendo a piedi, giunse al luogo assegnatogli. Si sedette in una grotta ove c'erano tre colonne e tre gradini, tagliati da pietre perfette; là Filippo stava seduto e compì guarigioni per due giorni. Poi salì di fronte all'Etna: fece una benedizione con il volume che teneva in mano e apparve la turba dei demoni che, come pietre, rotolavano giù".
http://www.ortodossia.it/w/index.php?option=com_content&view=article&id=5612:12-05-memoria-del-beato-filippo-presbitero-apostolico-ilcacciaspiriti&catid=199:maggio&lang=it

28

La festa di S Filippo di Agira

Viene descritta da Tommaso Fazello nel 1541:
"Vi incontrai quasi duecento donne indemoniate. Era uno spettacolo straordinario e orrendo vedere quelle donne, agitate dai capricci del demonio, levare al cielo alti grida, gettare via gli abiti e ogni senso di vergogna, scomporsi i capelli , fare stridore coi denti, storcere il viso e gli occhi, emettere bava schiumosa, sollevare in alto le braccia e il corpo, muovere e ingrossare la lingua, gonfiare la gola, parlare alcune in greco, molte in latino, altre in saraceno e in modo così perfetto che non c'è esperto nel suo genere che possa avere una pronuncia così pura....
Le indemoniate venivano fatte riposare presso l'altare principale aspettando la statua di S. Filippo. Alla vista cominciavano a sfuggire di mano ai custodi e strapparono i capelli
Una delle orazioni ancora oggi recita:

San Filippu, San Filippu
Corpu santu e binidittu,
la me casa è muntuàta
nun ci po' lu malidittu"

S. Filippo incatena i demoni

Ritornando a queste continue lotte contro i demoni, una vittoria leggendaria di San Filippo contro il diavolo, e conosciuta da tutti ad Agira, è quella della fontana di Maimone. Una storia surreale che narra di San Filippo e del diavolo in dialogo sul fine ultimo della vita. Praticamente San Filippo scommette che con un suo capello potrebbe legare il demonio così stretto tanto da non potersi liberare mai più. Il diavolo accetta immediatamente la sfida e la perde poco dopo quando il capello si trasforma per miracolo in una robusta catena. Il racconto è intrigante e interessante per l'originalità e spesso è accaduto (succede ancora oggi) che passanti di quel luogo abbiano sentito distintamente un rumore metallico "simile a catenacci" per diversi secondi.[40]

Il gatto Mammone di Paternò

Una fonte Maimone si trova anche a Paternò, detta dell'acqua rossa, per via del colore dell'acqua ricchissima di ferro. Paternò fu esorcizzato da San Filippo prima di recarsi ad Agira. Una leggenda popolare riportata dallo storico Francesco Onorato Colonna[41] recita che nei pressi della fonte circolava una belva pericolosa detta *jattu mammuni* (Gatto Mammone).

Il Gatto Mammone seconto Cresti "è una creatura magica della tradizione popolare, con le caratteristiche di un enorme gatto dall'aspetto terrificante. Il suo nome deriva dall'incontro del termine *gatto* (animale nel Medioevo associato al diavolo) con quello di *Mammona*, parola dall'incerta etimologia che in lingua aramaica è attributo del demonio. Tale Gatto sarebbe stato infati dedito a spaventare le mandrie al pascolo e avrebbe avuto movenze ed espressioni demoniache. Il suo verso è una via di mezzo tra il ruggito e un inquietante miagolio, ciò nonostante è tanto furtivo da assalire persone ignare e sbranarle senza lasciare neppure le ossa. /.../ Secondo alcuni studi, la tradizione del Gatto Mammone affonderebbe le sue radici tra la civiltà dei Fenici, dio Maimone, o nell'Antico Egitto, in cui i gatti erano animali sacri e simboli di fertilità (Dio Amon). Con l'avvento del Cristianesimo questi antichi rituali pagani sarebbero stati prima demonizzati e poi racchiusi nel Carnevale che precede la Quaresima, ed i loro

---

[40] G. Amoruso, *Filippo di Agira, La storia le opere e i manoscritti sul Santo "Persecutore dei Demoni"*, Bonfirraro xs 5, Enna, 2015.
[41] F. O. Colonna, *Compilatio Historico*, Mn inedito, 1710.

simboli trasformati in maschere."[42]

Possiamo dedurre che San Filippo dopo aver scacciato i demoni dalla collina di Paternò li abbia imprigionati nella fonte Maimonide così come fece ad Agira.

San Calogero

(Calcedonia, 466 – Monte Kronio, 18 giugno 561) è stato un monaco eremita, inviato in Sicilia in una località termale Sciacca, e Sutera. Venerato come santo taumaturgo dalla Chiesa cattolica e da quella ortodossa e patrono di moltissimi paesi della Sicilia.

Calogero è un santo nero e ricorda Eracle che per catturare Cerbero scende negli inferi e ritorna di colore nero.

Sant' Achileone
(vissuto nel primo secolo)

Discepolo di San Pietro, mise in fuga i demoni dal tempio di Salomone dopo la distruzione di Gerusalemme, giunse in Sicilia nel I secolo assieme ai monaci Filippo di Agira, Calogero di Calcedonia e Onofrio anacoreta per evangelizzare l'isola e liberarla dai demoni.

Assieme ad Onofrio fu mandato a Sutera, e poi da solo si recò a Paternò, dove visse i suoi ultimi anni di vita ritirato in una grotta.

---

[42] M. C. Cresti, *Fate e folletti della Toscana*, a cura di Franco Cardini, Firenze, Lucia Pugliese Editore, 2012 in :
https://it.wikipedia.org/wiki/Gatto_Mammone.

San Vito

(vissuto nel quarto secolo)

San Vito, secondo la tradizione sarebbe nato in Sicilia, viene considerato nell'agiografia cristiana come un santo esorcista, noto perché l'imperatore Diocleziano lo supplicò di scacciare il demonio da suo figlio, ma, ottenuto il miracolo, Diocleziano (che seguì Galerio a Roma dopo gli incendi a Nicomedia) gli si sarebbe scagliato contro, facendolo imprigionare e uccidere nel 303. Un'altra leggenda siciliana narra che San Vito a Regalbuto avrebbe incontrato dei pastori disperati perché alcuni cani avevano sbranato un bambino; allora il Santo, richiamati i cani, si sarebbe fatto restituire da essi i resti del corpo del bambino a cui avrebbe ridonato la vita. Il suo attributo è una coppia di cani ed per tale ragione che riesce a curare dai morsi di questi animali

Anonimo, *Raffigurazione della Città di Catania e l'Etna*, incorniciata con figure di Santi, tempera su pergamena mm. 340 x 440, Secolo XVI

Inessa, Etna, Paternò

Inessa era una città siciliana fondata dai Siculi, il significato del nome secondo una variante indoeuropea *ignis* sta per fuoco. Le prime notizie le ritroviamo leggendo Falaride di Agrigento tra il 536 a C e il 508 a. C., apprendiamo che nel 480 Inessa cade in potere di Gelone, nel 478 gli succede il fratello Gerone, che spinge la conquista verso Catania, cambiando il nome in Etna. In Inessa fu costruito un tempio di Cerere, rimasto incompiuto alla morte di Gerone. Diodoro Siculo ricorda che nel 476/475 a. C. Catania venne ribattezzata col nome di Aitna. Con Ierone le furono assegnati nuovi coloni, e i vecchi abitanti vengono trasferiti a Leontini, ripopola pertanto Aitna con coloni di stirpe dorica provenienti da Siracusa e dal Peloponneso.

Nel 461 a. C. i vecchi coloni ritornano nella città che riprese il nome di Katane mentre i nuovi abitanti si trasferirono ad Inessa che fu rinominata Aitna. Qui fu istituito il culto di Zeus Aitnaios sul colle. Aitna, prende il nome da una ninfa figlia di Urano che sposò Efesto generando i Palici, il nome Aitna deriva dal greco *aithaleia* fumosa o da voce fenice *attano* che vuol dire fornace. Qui sarà costruito il tempio di Efesto. Il 23 maggio i romani festeggiavano il *Tubilustrium* e il 23 agosto le Vulcanali, dove vi era in voga l'usanza di gettare sul fuoco pesci vivi. Tradizione rimasta per secoli in Sicilia.

Il sito col tempio di vulcano è stato ipotizzato essere sulla collina storica di Paternò[43]. Sull'acropoli si trova un tempio ipetro orientato con naos, pronao e opistodomo esterno, nelle proporzioni auree e in pietra lavica.

Nella descrizione di Claudio Eliano[44] il tempio di vulcano era

---

[43] C. Rapisarda, *Inessa Aitna e il tempio di Efesto*, Raleigh, LULU, 2012.

[44] Eliano parla del culto di Efesto a Etna (Inessa), specificando che il tempio ospitava il fuoco inestinguibile ed era custodito da cani sacri

circondato da alberi e custodito da cani.

La collina vulcanica storica di Paternò risale a 170000 anni fa, presentava diverse fumarole (geyser) l'ultima si è estinta nel XVII secolo.

Le Salinelle di Paternò con l'Etna sullo sfondo
(foto di Chiara Rapisarda)

---

capaci di individuare la bontà o la cattiveria del fedele, *De Natura animalium, 11.3.*

L'acquasantiera in collegamento
con l'Etna

Nella chiesa Madre di Paternò, a destra dell'antico altare (allora orientato), si trova un'acquasantiera in pietra su una base ottagonale, che collegava attraverso un condotto, adesso ostruito, le viscere della terra con un canale vulcanico. Dal foro era possibile ascoltare i suoni provenienti dalle viscere del vulcano e le presunte "voci" dei dannati. Gli ultimi restauri hanno occluso il condotto.

Acquasantiera in pietra su una base ottagonale, Chiesa Madre di Paternò (foto Carmine Rapisarda)

Le pendici del vulcano Etna

Nel 500 circa viene edificato il convento di San Vito a tre miglia da Paternò; era promiscuo e basato sulla regola dell'ordine di san Benedetto. Gregorio Magno nel 590 scrisse due lettere al vescovo Leone di Catania per imporre la castità ai monaci[45].

Con il sincretismo religioso l'Etna è ancora identificato come la sede dell'Inferno, ma con una valenza più terrificante dettata dal senso del peccato. Tutti i crateri vengono riconosciuti come delle porte.

Tra le testimonianze ricordiamo Gregorio Magno (ca. 540-604), in uno dei dialoghi aveva raccontato che dopo la morte le anime venivano trasportate in Sicilia, perché nei suoi ardenti vulcani c'era la sede dell'Inferno. A lui spetta quindi il merito di avere per primo teorizzato l'ambientazione sotterranea dell'inferno e in particolare la sua ubicazione vulcanica[46]. Nel libro ultraterreno dei suoi *Dialogi,* il IV, al cap. 44, basandosi sul salmo 85, 13: "Hai liberato la mia anima dall'inferno inferiore', nel senso che l'inferno superiore sembrerebbe essere la terra, e l'inferno inferiore si troverebbe sotto terra»[47]; a questa teoria Gregorio affianca due *exempla* di cui il primo, che diverrà leggendario, è relativo a Vulcano, il cratere nell'isola vicina a Lipari (*Dialogi*, IV, 31):

Il secondo episodio si riferisce ai vulcani della Sicilia (*Dialogi* IV, 36, 10 -12):

"«Ma, ti prego, perché all'anima che era sul punto di uscire apparve una nave? e perché il morituro predisse che sarebbe stato trasportato in Sicilia?» Gregorio: «L'anima non aveva bisogno di

---

45 C. Rapisarda, *Paternò Medievale*, S.M. di Licodia, AESSE, 1999, p.95.
46 J. Le Goff, *La nascita del Purgatorio*, Torino 1996 (2a ed.), pp. 99-107.
47 G. Magno, *Storie di santi*, cit., pp. 306-307.

veicoli, ma non è strano che all'uomo ancora dimorante nel corpo sia apparso ciò che il corpo era solito vedere, in modo che di qui potesse capire dove la sua anima avrebbe potuto essere condotta spiritualmente. Quanto poi al dire di essere condotto in Sicilia, che cos'altro possiamo immaginare se non che, più che in altro luogo, nelle isole di quella terra si spalancano i crateri da cui erutta il fuoco dei tormenti? Questi, come dicono gli esperti, si allargano giorno dopo giorno perché si allentano i fianchi dei monti, in modo che, approssimandosi la fine del mondo, quanto più è certo che si allunga il numero di quelli che saranno bruciati, tanto più sembrano allargarsi i luoghi della punizione. Tutto questo Dio onnipotente ha voluto che si vedesse nel nostro mondo a correzione dei viventi, così che le menti degli increduli, che rifiutano di credere nelle pene dell'inferno, possano vedere i luoghi di queste pene, che ricusano di credere quando ne sentono parlare»"[48].

Scompaiono quindi i templi dedicati a Zeus, Vulcano e Adrano: vengono sostituiti da chiese. Il fuoco pagano diventò cristiano, Tifeo diventò Lucifero, i giganti demoni e il fuoco etneo pagano fuoco infernale. Le eruzioni vengono considerate manifestazioni diaboliche e le distruzioni espiazione di colpe collettive.

Successivamente, come abbiamo già detto, la Chiesa dà il mandato ad alcuni santi esorcisti di andare a bonificare i territori magmatici.

Dopo Gregorio Magno il primo a parlare di vulcani - e precisamente dell'Etna - è Isidoro di Siviglia (ca. 570-636) sia nel *De natura rerum* (cap. XLVII, *De monte Aetna*), sia nelle *Etymologiae* (libro XIV, cap. VIII *De terra et partibus*, par. 14) "Il monte Etna

---

[48] G. Magno, *idem*, cit., pp. 274-275.

ha preso nome dal fuoco e dallo zolfo, come anche la Gehenna"[49].

Willibald, primo vescovo inglese nel 723[50] assistette ad una eruzione e rimase a pregare per una notte convinto di trovarsi sul bordo dell'Ade.[51] Pietro di Blois, arcidiacono di Londra, umanista dell'XI secolo, in una lettera indirizzata all'arcivescovo di Messina: "...Chi, io mi chiedo può vivere in un luogo dove... le montagne stesse vomitano in continuazione fiamme infernali e fetido zolfo? Perché qui certamente, si trova l'ingresso dell'inferno... dove gli uomini sono rapiti alla terra e scendono ancora vivi nelle regioni di Satana...". [52]

Intorno all'830 un monaco parigino ricicla l'episodio di Teodorico raccontato da Gregorio Magno, sostituendo però il protagonista con Dagoberto, re dei Merovingi (623-639): Dagoberto è trascinato a sferzate da spiriti maligni verso i luoghi vulcanici della Sicilia, ma si salva *in extremis* perché pentendosi invoca i santi Dionigi e Maurizio[53]. Il racconto, con le fattezze dagobertiane, fu ripreso anche da Aimoino di Fleury (960-1010) nella sua *Historia Francorum*[54].

---

[49] *Etimologie o Origini di Isidoro di Siviglia*, ed. e trad. a cura di A. Valastro Canale, vol. II, Torino 2004, pp. 222-225 (a p. 224, n. 140 si specifica che Isidoro propone qui come etimologia di *Aethna* il greco *aitho* = *accendo, infiammo*).

[50] S. Di Matteo, *Viaggiatori stranieri*, Palermo, Poligraf, 2000, vol. 3, p. 461.

[51] *Ibidem*, p.359.

[52] P. di Blois *Epistolario*, dal sito:
http://xoomer.alice.it/fudelle/consolationes.htm

[53] *Gesta Dagoberti I. regis Francorum*, ed. B. Krusch, MGH Scriptores, *SS rer. Merov.*, 2, Hannover 1888, pp. 421-422.

[54] A. Graf, *Miti, leggende e superstizioni del Medio Evo*, II, Roma 1989, p. 186.

Nel Medioevo, una delle operazioni magiche per entrare in contatto col diavolo era quello di farlo apparire. Si svolgeva normalmente a mezzanotte o anche a mezzogiorno, essendo l'ora in cui aveva più forza il diavolo meridiano. La leggenda del diavolo meridiano era molto diffusa alle pendici dell'Etna.

Il diavolo, mentre nel resto del mondo assume sembianze fisiche ben definite, uomini e donne, giovani o vecchi, parenti, amici o animali, serpenti scorpioni, volpi, rospi, pipistrelli, cani, ecc., in Sicilia assume un aspetto teriomorfo, di animale e di fiera e può danneggiare per esempio i raccolti. Il suo nome non può essere menzionato diventa *u bruttu a bestia, chiddu cu li corna, u malidittu, l'ancilu niuru. E Lucifero viene chiamato Ciferu, corruzione di grosso serpente.*[55]

Ricordiamo ancora la Legenda Aurea cap. CLXIII, di Jacopo da Varagine, avvalorata da Salomone da Tilbury[56]: sant'Odilone XI secolo abate di Cluny istituisce, all'indomani di Ognissanti, la nuova, solenne commemorazione dei trapassati, dopo avere appreso che presso il vulcano di Sicilia si sentivano voci e ululati di demoni i quali si lamentavano perché anime dei defunti erano state strappate dalle preghiere dei fedeli.

La festa dei morti istituita a Cluny durante l'abbaziato di Odilone (994-1049) e posta il 2 novembre, a seguire quella di tutti i santi, che si celebrava dall'835, in modo da sovrapporre le due feste a quelle celtiche di Samain. La festa dei morti viene ben

---

[55] Il serpente simboleggerà il diavolo e soprattutto nella cultura siciliana viene spesso ucciso anche se non velenoso. Cfr. *Snake* di D.H. Lawrence in C. Rapisarda, D.H. *Lawrence in Sicily*, EDA, 2016, p.45
[56] Cfr. A. Graf, *Miti, leggende e superstizioni del Medio Evo*, Mondadori, Milano,1996.

presto celebrata oltre che nei monasteri dell'Ordine in diverse diocesi fino a diventare pratica liturgica universale della Chiesa cattolica.

Poco dopo la morte dell'abate Odilone nel 1049, il monaco Jotsuald scrisse una *Vita Odilonis*, che sarà a sua volta ripresa da Pier Damiani; ciò rese celebre un episodio (libro II, cap. XIII)[57], che ci riguarda perché lega il cratere di Vulcano alle preghiere cluniacensi per i morti: un religioso di ritorno da Gerusalemme raccontò a Odilone di essere approdato su un'isola dove viveva un eremita il quale lo pregò di riferire a Odilone che in certi luoghi, da cui fuoriescono enormi cumuli di fiamme vorticose, le anime dei malvagi sono sottoposte a diversi tormenti a seconda della qualità dei loro peccati; spesso però il santo udiva le voci e gli ululati dei demoni che piangevano poiché le preghiere dei fedeli strappavano loro le anime dei defunti: in particolare i demoni facevano rimostranze contro i cluniacensi e il loro abate perché essi, con le loro preghiere, li privavano delle prede che di diritto gli appartenevano. L'eremita ammonisce il religioso di riferire il tutto ai venerabili confratelli e di esortarli a pregare sempre di più al fine di liberare dai demoni tutti coloro che da essi sono tormentati. Tornato in patria, puntualmente il religioso riferisce il racconto a Odilone che emana un decreto per tutti i monasteri con il quale dispone che, come il primo di novembre in virtù d'una norma della Chiesa Universale si celebra la solennità di Tutti i Santi, così nel successivo giorno si devono ricordare tutti coloro che dormono in Cristo[58].

Secondo Le Goff le origini della nascita del Purgatorio, luogo intermedio dell'aldilà, vanno ricercate verso la fine del XII secolo,

---

[57] J. Monachi, *De vita et virtutis sancti Odilonis abbatis*, in PL 142, coll. 926-927; trad. in J. Le Goff, *La nascita…*, cit., pp. 141-142.
[58] P. Damianus, *Vita Sancti Odilionis Cluniacensis abbatis*, in PL 144, coll. 935-937;

credenze collegate alle nuove strutture sociali e politiche del feudalesimo e alle conquiste economiche, mercantili e agricole[59].

Persino le leggenda riferita dal normanno Gervasio di Tilbury, che considera il vulcano rifugio di re Artù, non scalfisce la costruzione ctonia e demoniaca che si proietta nell'immaginario collettivo.

Gervasio di Tilbury (ca. 1155–ca. 1230) fu attivo prima nella cerchia del re d'Inghilterra Enrico il Giovane, poi in quella del re normanno di Sicilia Guglielmo II e infine in quella dell'imperatore Ottone IV, al quale dedicò nel 1212 gli *Otia imperialia*, "un'enciclopedia passatempo"[60]. Negli *Otia*, tra altre leggende virgiliane, una narra ancora di una statua, di bronzo, posta dal poeta nel suo orto: questa volta la statua si trova sul Monte Vergine e tiene sulla bocca una tromba che ha il potere di respingere il vento che nel mese di maggio trascina su quella campagna, danneggiandola, il fumo e la brace ardente del Vesuvio, spiraglio ribollente dell'inferno[61]. Ma oggi, soggiunge Gervasio, vuoi perché logorata, oppure perché abbattuta dagli invidiosi, la statua non è più efficace.

Gervasio ci consente di passare all'altra vicenda di questo paragafo, magistralmente delineata oltre un secolo fa da Arturo Graf, il quale trova in un racconto degli *Otia* la prima testimonianza della leggenda di Artù nell'Etna, leggenda che risale indubbiamente ai Normanni, che nell'XI secolo furono il tramite fra i Bretoni - del continente e dell'Inghilterra conquistata agli

---

[59] J. Le Goff J, *La nascita*, cit., p. 141.

[60] M. Oldoni, *"A phantasia dicitur phantasma"*, in «Studi Medievali» XX, cit., p. 607.

[61] D. Comparetti Domenico, *Virgilio nel Medioevo*, Firenze, La Nuova Italia, 1941, pp. 25-28, testo a p. 174; Oldoni, *"A phantasia dicitur phantasma"*, cit., p. 608.

Angli nel 1066 - e l'Italia meridionale e la Sicilia[62]. I Normanni riambientarono nella Sicilia da loro conquistata la leggenda della miracolosa segregazione di re Artù, scampato per sempre alla morte, nell'isola di Avalon: "In Sicilia è il monte Etna, ardente d'incendi sulfurei, e prossimo alla città di Catania, ove si mostra il tesoro del gloriosissimo corpo di sant'Agata vergine e martire, preservatrice di essa. Volgarmente quel monte dicesi Mongibello; e narran gli abitatori essere apparso ai dì nostri, fra le sue balze deserte, il grande Arturo. Avvenne un giorno che un palafreno del vescovo di Catania, colto, per essere bene troppo pasciuto, da un subitaneo impeto di lascivia, fuggì di mano al palafreniere che lo strigliava e, fatto libero, sparve. Il palafreniere, cercatolo invano per dirupi e burroni, stimolato da crescente preoccupazione, si mise dentro al cavo tenebroso del monte. A che moltiplicar le parole? per un sentiero angustissimo ma piano, giunse il garzone in una campagna assai spaziosa e gioconda, e piena d'ogni delizia; e quivi, in un palazzo di mirabil fattura, trovò Arturo adagiato sopra un letto regale. Saputa il re la ragione del suo venire, subito fece menare e restituire al garzone il cavallo, perché lo tornasse al vescovo, e narrò come, ferito anticamente in una battaglia da lui combattuta contro il nipote Modred e Childerico, duce dei sassoni, quivi stesse già da gran tempo, rincrudendosi tutti gli anni le sue ferite. E, secondoché dagli indigeni mi fu detto, mandò al vescovo suoi donativi, veduti da molti e ammirati per la novità favolosa del fatto"[63]. Il *locus horribilis* contiene la sorpresa di un *locus amoenus*, cornice serena al palazzo

---

[62] A. Graf, Milano, *Miti, Leggende e Superstizioni del Medio Evo*, Mondadori, (ed. or. 1892-1893, 2 voll., Torino), 1984, pp. 179-186; cfr. anche J. Le Goff, *La nascita*, cit., pp. 227-234, e D. James-Raoul, *Monts et merveilles romanesque*, in *La montagne dans le texte médiéval. Entre mythe et réalité*. Textes réunis par C. Thomasset et D. James-Raoul, Paris 2000, pp. 260, 262, 269, 281-282.
[63] A.Graf, *Miti*, cit., p. 180.

del vecchissimo e generoso Artù: non c'è inferno, non c'è purgatorio, c'è solo, all'inizio, la buona protezione di sant'Agata. Tracce della leggenda normanna di Artù nell'Etna sono scovate dal Graf anche nel poema francese intitolato *Florian et Florète*, probabilmente del sec. XIII e anche nel poemetto burlesco fiorentino il *Detto del Gatto Lupesco*, anch'esso del sec. XIII.[64]

Ma ben presto la leggenda subisce un "crescente infoscamento" dovuto alla "preponderanza di elementi infernali e diabolici"[65]. Così nel XIII secolo Cesario di Heisterbach nel suo *Dialogus miraculorum* XII, 12: "Nel tempo in cui l'imperatore Enrico soggiogò la Sicilia, era nella Chiesa di Palermo un decano, di nazione, secondo ch'io penso, tedesco. Avendo costui, un giorno, smarrito il suo palafreno, che ottimo era, mandò il servo per diversi luoghi a farne ricerca. Un vecchio, fattosi incontro al servo, gli chiese: Dove vai? e che cerchi? Rispostogli da quello che cercava il cavallo del suo padrone, soggiunse il vecchio: Io so dov'è. - E dove? - Nel monte Gyber (*sic*), in potere del re Arturo, mio signore. Quel monte vomita fiamme come Vulcano. Stupì il servo in udire tali parole, e l'altro soggiunse: Di' al tuo padrone che da oggi a quattordici dì venga alla corte solenne di lui; e sappi che tralasciando di dirglielo, sarai punito aspramente. Tornato addietro, il servo espose, non senza timore, quanto aveva udito. Il decano si rise di quell'invito alla corte di re Arturo; ma, ammalatosi, morì il giorno prestabilito"[66] (altri episodi vulcanici nel *Dialogus* di Cesario: XII, 7, 9, 13)[67]. Ancora qualche anno e alla metà del Duecento Stefano di Bourbon (+ca. 1261) completa la satanizzazione della leggenda, sostituendo Artù con un principe, che appunto altri non è che Satana, e infittendo il racconto con

---

[64] A. Graf, *Miti*, cit., pp. 184-185.

[65] A. Graf , *Miti*, cit., pp. 183.

[66] A. Graf., *Miti*, cit., p. 181.

[67] J. Strange, *Caesarii Heisterbacensis monachi Ordinis Cisterciensis Dialogus miraculorum*, II, Köln-Bonn-Bruxelles, 1851, pp. 322-326.

elementi di favola diabolica, come quello di una coppa ignivoma che gettata nel mare lo incendia: un simbolo vulcanico, un Graal dell'Anticristo.

Durante l'epoca normanna il vulcano Etna, così come altri vulcani Siciliani, era associato al Purgatorio e di conseguenza alla porta dell'Inferno.

I crateri dei vulcani attivi continuano ad essere considerati porte di accesso agli inferi.

Vi sono testimoni e cronisti che dichiarano di aver visto i diavoli sull'Etna.

Niccolò Speciale, originario di Noto, fu rinomato cronista degli eventi accaduti in Sicilia; scrisse una *Historia Sicula* (otto libri in latino) che riguarda gli avvenimenti dal 1282 al 1337.

Speciale narra di parecchi uomini, nelle vicinanze del monte, che furono portati via dai diavoli, i quali, assumendo vari aspetti, profferivano terribili menzogne.[68]

A contrastare però i diavoli usciti dal Mongibello fu il miracoloso Velo della santa martire Agata, sempre Niccolò Speciale racconta l'evento:

«*Essendosi il torrente di fuoco diviso in tre braccia e l'uno di essi minacciando la città, prima che il fuoco invadesse il pomerio, gli fu opposto il velo della beata Agata, la quale aveva impetrato la liberazione della patria*».

Anche Tommaso Fazello da Sciacca, conferma tale episodio:

«*Nell'anno poi del Signore MCCCXXIX [...] innanzi ch'egli arrivasse a' confini del paese, i Catanesi cavato fuori il velo di Sant'Agata, lo spensero*».[69]

La presunta origine demoniaca resterà ancora a lungo, basta

---

[68] N. Speciale, *Cronico*, libro VII, cap. 1, p. 494. Cfr. http://www.accademiadeglizelanti.it/2003/viaggiatori,guide.pdf

[69] T. Fazello, *Le Due Deche dell'historia di Sicilia,* nel capitolo *Del Monte Etna & de' suoi fuochi* del libro secondo. Venezia, Domenico e G.Battista Guerra, 1575.

leggere il trattato di don Tommaso Tedeschi a proposito dell'eruzione del 1669, nel quale il vulcano viene definito: il "tartareo nemico" o l'"infernale mostro" e l' eruzione descritta come una lotta ingaggiata col diavolo dove alla fine vinceranno le preghiere ed il miracolo delle reliquie di S. Agata che ferma la lava dopo mesi di intercessioni e di manifestazioni di penitenze, grazie anche all'intervento del vescovo Bonadies di Catania che sembra esorcizzare il mostro gridandogli di non avanzare.[70]

Kircher, Athanasius, *L'Etna* in *Mundus subterraneus*, in XII *libros digestus*, 1665

---

[70] T. D. Tedeschi, *Breve ragguaglio degl'incendi...*, cit.

L'eruzione dell'Etna del 1669

Frate Bonaventura narra che l'arcivescovo della Georgia, ritenendo che l'eruzione fosse opera del diavolo, compì tutta una serie di esorcismi sotto i suoi stessi occhi. Scrive il frate: «*Quest'anno crepò la Montagna di Moncipello a' 7 di marzo sopra li sottoscritti casali e ne bruggiò undici, cioè Malpasso, Nicolosi, Potigelli, Guardia, Monpileri, Marretti, Camporotondo, San Pietro, Misteri bianco, un quartiere della Mascalucia, la metà di San Giovanni di Galermo, e per ultimo il giorno della Pasca di Resurrezione, a' 9 aprile, entrò nella città di Catania a' hore 22; e, prima di sonare le 24, rivò colle mura del convento dei Padri Benedettini, passò più innanzi e brugiò un quartiero col monistero di San Gerolimo/...] Venuto da Malta l'arcivescovo della Georgia, di natione greco, prelato di gran confidenza in Dio, per quanto potei vedere, che si trattenne nel nostro convento dieci giorni incirca, fattoci gli esorcismi mostrò che si fermasse, mentre per sua gentilezza e confidenza (che) ci haveva per causa che il reverendo padre guardiano, allora il Padre Arcangelo da Jaci me l'haveva dato in cura che vi assistessi, mi disse esserci assistenza personale de' Spiriti Maligni e che, mentre era sopra la feluga, vide il demonio in corpo assunto, che assisteva con strumento in mano a intrizzare il fuoco (il) quale per esorcismi fatti, non solo si fermò che rea rivolto nel mare, ma né meno bruggò più case dentro la città: et io, frate Bonaventura da Troina, indegno sacerdote cappuccino, fui testimone di vista dalli 7 di marzo sino alli 10 di maggio».*

Kircher afferma di aver visitato nel 1638 la nostra isola e «[...] *ante omnia Ætnam Montem*». Così descrive il monte: «*Est ergo Ætna Mons unicus [...] pinguibus circumjacentibus arvis, vinetis, pascuis fœcundus, pinetisque ac fagis altissimisque abietibus nemorosus...*»[71].
Un paradiso, quindi.

In contrapposizione alla fertilità pedemontana però sulla sua

---

[71] A. Kircher, *ÆTNÆ DESCRIPTIO*, in *Mundus Subterraneus*, Amsterdam, 1665, cap. VIII libro V.

cima si apre un "cratere vastissimo" con un precipizio orribile a vedersi ("*visu horribile*"[72]), con fiamme, fumo, e orrendo fragore. Insomma un baratro infernale.

Nella terza edizione, stampata successivamente all'evento catastrofico dell'eruzione etnea del 1669, Kircher riporta notizie sul tragico evento, dedotte dalle cronache di «*D. Petro Squillacio*» (Don Pietro Squillaci, sacerdote catanese, che pubblicò nello stesso anno dei resoconti in prosa sull'eruzione). Alla «Enarratio incendii Montis Ætnæ» sono dedicate cinque pagine, nelle quali si descrivono i movimenti tellurici «[...] a Die Jovis, 7 Martii, 1669 [...] in villam *Nicolosorum*»; più oltre si parla poi di «*[...] duos rivos circumlambentes Montempiliernum*», e ancora, «*[...] Dolorem id maxime auxit, quod Sanctissima Mater de Annunciatione, appellata de Montepiliero in flammis fuerit sepulta*».

Non manca il riferimento a Michelangelo Bonadies «Reverendissimus Episcopus» che «*ex solita sua caritate*» si adoperò per mettere in salvo le religiose di Catania e per alleviare le sofferenze del popolo; quindi si descrivono vari episodi in cui si fa ricorso all'intervento delle Reliquie di Sant'Agata: «*Die Mercurii [...] educebantur Sanctissimus Velum S. Agathæ à Reverendissimo Episcopo coronato spinis [...] postea Mascalciam versus ibatur*»; ed ancora: «*portarunt illud [sanctissimus velum] in Matricem Musterblanci*».

Il famoso Velo fu portato ancora molte volte contro il fiume di lava: «*Die Sabbati vesperi reducebatur sanctissimus velum, postquam operatum fuisset tanta evidentia miracula, et pernoctabat in ecclesia S. Mariæ Jesu*».

Purtroppo, come ben sappiamo, molti dei paesi e dei casali del versante meridionale tra Nicolosi e Catania furono distrutti: sparirono così Malpassus, *Campus rotundus*, *S. Petrus*, *Mascalcia*, *S. Joannes de Galermo*, *Musterblanco* e parte di Catania.[73]

---

[72]*Ibidem*

[73]A. Kircher, *Mundus Subterraneus*, cit.

L'Etna nel *Grand Tour*

Notizie sul diffondersi di credenze infernali legate ai vulcani si trovano nella letteratura di viaggio.

Il primo rappresentante è l'irlandese Adamnano di Iona del VII sec. (623/624-704) autore di un *De locis sanctis*, l'autore si mostra sì incuriosito dai fenomeni vulcanici ma tace dell'Inferno, come mostra il racconto da lui riferito di un amico tornato da un pellegrinaggio in Terrasanta (III, VI, *De monte Vulgano qui semper intonat*):

"C'è nel gran mare un'isola distante dodici miglia dalla Sicilia, verso oriente; lì il monte Vulcano risuona, per interi giorni e intere notti, di tuoni così fragorosi che la terra di Sicilia, che pure è molto distante, sembra scuotersi di spaventoso fremito, ma pare che maggiormente rimbombi al venerdì e al sabato. La notte fiammeggia di continuo e di giorno emette fumo. Tali notizie relative a questo monte me le ha riferite Arculfo, il quale vide con i propri occhi quel monte fiammeggiante di notte e fumigante di giorno, e con i propri orecchi udì i rimbombi di tuono mentre egli per qualche tempo si tratteneva in Sicilia"[74].

Alla fine di quell'VIII secolo si diffuse la pratica di pellegrinaggi, a questo periodo risale il racconto dell'anglosassone Ugeburga, monaca a Heidenheim, che scrisse il *Sanctimonialis Heydenhemensis hodoeporicon Sancti Willibaldi*, completamento del *De locis sanctis* di Adamnano, racconto del pellegrinaggio in Terrasanta di suo fratello Willibald (700-780):

"... e di nuovo Villibaldo ritornò a Costantinopoli. E dopo due anni navigarono di là, con i nunzii del papa e dell'imperatore, verso l'isola di Sicilia sino alla città di Siracusa; e di là giunse alla città di Catania, e di là venne a Reggio, città della Calabria. E di là

---

[74] L. Bieler, *Itineraria et alia geographica*, Turnhout 1965, p. 234;

navigarono all'isola Vulcana; lì c'è l'inferno di Teodorico. E quando arrivarono lì, scesero dalla nave per vedere come fosse l'inferno. E subito Villibaldo, più curioso degli altri, desiderando vedere come fosse, dentro, l'inferno, voleva anche salire sulla cima del monte sotto il quale c'era l'inferno, e non ci riusciva perché le faville, salendo dal nero tartaro sino all'orlo del cratere, restavano là ammassate come la neve quando, dal cielo facendo cadere fiocchi di neve, suole dalle aeree altezze dell'etere ricoprire le alture della terra, così le faville giacevano accumulate sulla cima del monte, sicché impedivano a Villibaldo l'ascesa. Tuttavia egli vedeva erompere la tetra e terribile e orrenda fiamma che montava dal profondo, e osservava che, con un fragore di tuono, la vampa enorme e il vapore fumoso, molto alto, salivano verso il cielo. Quella pomice, di cui di solito sono forniti gli scrivani, proprio quella Villibaldo vedeva venire su dall'inferno, e poi la vedeva ardente cadere in mare, e allora di nuovo dal mare la vedeva rigettata al litorale, dove gli uomini la possono prendere e portare via. Dopo avere osservato codesti vapori prodotti dall'ardore di questo orrendo e tremendo fuoco e codesti straordinari spettacoli di fumo igneo e nauseabondo, levate subito le ancore, navigarono verso la chiesa di San Bartolomeo che trovasi sulla costa del mare, e vennero a quei monti che si chiamano Didimi; e là, stando in preghiera, rimanevano per un'intera notte. E di là, ripreso il viaggio, arrivarono alla città che si chiama Napoli"[75].

All'inizio del XVII secolo l'esperienza del viaggio come momento di formazione si diffonde e assume i caratteri di una vera propria istituzione, il *Gran Tour* - termine utilizzato per la prima volta per designare il viaggio dell'inglese Lord Granborne lungo l'Europa continentale che a differenza del *Kavalierstours* è motivato da un crescente interesse verso gli aspetti reali dei paesi

---

[75] Willibaldi, *Vita Episcopi Eichstetensis*, ed. Oswald Holder Hegger, MGH Scriptores, *SS*, 15, I, Hannover 1887, pp. 101-102;

visitati. Il *Gran tour* porta in Italia dei viaggiatori d'oltralpe e genera una copiosa produzione di scritti, mentre in arte è all'origine del filone del *Voyage pittoresque del Settento*, che impegna gruppi di artisti nella produzione di repertori iconografici relativi ad ambienti naturali ed artistici a corredo dei diari di viaggio. La letteratura odeporica segna soprattutto l'inizio del graduale ma inarrestabile processo di conoscenza della Sicilia da parte della cultura europea; arte e natura dell'isola sono i due principali poli di ricerca del viaggiatore, ma anche società, ed economia sono osservate e giudicate attraverso parametri culturali differenti a seconda della nazionalità di appartenenza.

Tra i viaggiatori che visitarono la Sicilia alcuni desistettero nella scalata dell'Etna perché timorati dai ladri nascosti nel bosco che circondava Catania.

Un altro motivo di scoramento poteva essere la Paura dei diavoli, ma ciò non li sembrò intimorire.

Anonimo, *Veduta notturna l'Etna*, Gouache,
Seconda metà dell'Ottocento

50

Il *Grand Tour* era un'esperienza costosa e rischiosa, si viaggiava armati o scortati.

I viaggiatori, nella maggior parte dei casi appartenenti a ceti sociali aristocratici erano spesso sovvenzionati dai rispettivi governi, facevano parte di quella cerchia di veri e propri ricercatori.

Una tappa obbligata dei viaggiatori era l'Etna. Essi si documentarono molto prima di effettuare le ascensioni sul vulcano, trovarono preziose informazioni tra studiosi quali: Fazello, Cluverio, Carrera, Massa e D'Orville, e a loro volta si sentirono in dovere di fornire notizie sull'Etna. Alcuni viaggiatori come Brydone, Münter, Bartels e Dolomieu e Hoüel forniscono intere pagine sulla storia o sul territorio dell'Etna.

I Diavoli nelle memorie di viaggio sulla Sicilia

L'Etna è sempre stato oggetto di ammirazione e nel XV secolo il viaggiatore andaluso Pero Tafur[76] (1410-1486) che, nel suo lungo viaggio durato ben tre anni, visitò anche la Sicilia intorno al 1446; a Catania ebbe modo di osservare l'Etna definendolo "la terza bocca dell'Inferno".

Patrick Brydone

Viaggiatore britannico nel 1770, dopo aver visitato i monti Rossi a Nicolosi si reca alla Grotta delle Palombe. "Di fronte alla

---

76 P. Tafur, *Andanças e viajes por diversas partes del mundo*, scritte dopo il 1453, introd. Marco Jemenez de la Espada, Madrid 1874.

montagna c'è una vasta caverna, dove si va a caccia di piccioni selvatici. Questi uccelli popolano la caverna a stormi. In fondo all'antro regna una tenebra tanto lugubre, che a quanto racconta il nostro padrone di casa, ci fu chi impazzì per essersi inoltrato troppo innanzi: questa gente deve aver creduto di vedere i diavoli e le anime dannate, dato che qui regna ancora incontrastata la credenza che l'Etna sia la bocca dell'inferno".[77]

S. Agata e l'Etna, Incisione tratta da Francesco Morabito, *Catania liberata, poema*, Catania, Bonaventura La Rocca, 1669

[77]" … they saw devils, and the spirits of the damned; for it is still very generally believed here, that Aetna is the mouth of hell" in P. Brydone, *A tour through Sicily and Malta in a series of letters to William Beckford*, New York, Evert Ducykinck, 1813. p.68.

Johann Hermann von Riedesel

Barone di Eisenbach su Altenburg (1740 – 1785) è stato un viaggiatore diplomatico e ministro tedesco nel suo *Reise durch Sizilien und Großgriechenland* (*Viaggio attraverso la Sicilia e la Magna Grecia*) del 1771 scrisse: "Se vi è luogo sulla terra, che rappresenti la desolazione, lo sterminio, l'inferno stesso, esso trovasi nelle vicinanze di Catania." [78]

Gaston Vuillier

Gaston Vuillier (Perpignan 1845 – Gimel - les-Cascades 1915) è un pittore, illustratore, viaggiatore e etnografo francese, che ha lavorato per le più importanti riviste del XIX secolo, in particolare *Le Tour du monde* et *Le Monde illustré*. Nel suo libro sulla Sicilia descrive un avvenimento inconsueto:

"Che razza di burla è questa pensavo io seguendolo, una lettera del diavolo?[79] Per di più in una chiesa! ...

---

[78]https://le-citazioni.it/frasi/187578-joseph-hermann-von-riedesel-se-vi-e-luogo-sulla-terra-che-rappresenti-la-deso/

[79] Secondo la leggenda, la lettera fu scritta l'11 agosto 1676 da suor Maria Crocifissa della Concezione al secolo Isabella Tomasi, la quale venne trovata seduta a terra nella sua cella, con la faccia imbrattata di inchiostro nero, un foglio tra le mani …. Una lettera, racconterà poi la suora alle consorelle, dettata da Satana al termine di una lotta estenuante con un gruppo di demoni. Le 14 righe sono oggi custodite nel Monastero di Palma di Montechiaro, mentre una copia si trova presso l'archivio della Cattedrale di Agrigento. La lettera è stata decifrata recentemente ed ha cercato di dare un senso a caratteri provenienti dall'alfabeto latino, greco, cirillico, runico e da quello degli yazidi, popolo adoratore del Diavolo che abitò il Sinjar iracheno prima

La sagrestia era oscura e la pallida luce del mattino, cadendo dall'alta finestra, colpiva in pieno cranio la mia guida, lucido come l'avorio, e metteva in rilievo i bernoccoli del suo viso scialbo. Esso era sconvolto, pareva che si rizzassero sulla fronte le poche ciocche di capelli che ancor gli restavano. Mentre stava curvo sopra una cassa girava verso di me lo sguardo obliquo dal quale emanavano, in quella penombra, luccicori strani.

La lettera del diavolo,1676

della comparsa dell'Islam. "Forse ormai certo Stige" (uno di cinque fiumi degli Inferi secondo la mitologia greca e romana) e poi: "Poiché Dio Cristo Zoroastro seguono le vie antiche e sarte cucite dagli uomini, ohimè" e infine: "un Dio che sento liberare i mortali". Cfr http://www.meteoweb.eu/2017/10/sicilia-un-algoritmo-risolve-il-mistero-della-famosa-lettera-al-diavolo/983246/

Dopo che ebbe tirato fuori dalle profondità della cassa un antichissimo volume di pergamena ingiallita, lo depose sopra una tavola e fece un gran segno di croce. La copertina lacera ornata di chiodi in rame mezzo schiacciati, il sagrestano, più commosso che mai e tutto tremante, si segnò e indietreggiando con aria spaventata, puntando il dito sopra una pagina aperta: "La lettera" disse con voce soffocata dal terrore.

Sul libro di magia corrono, in una sarabanda infernale, i più fantastici rabeschi. Pare che la penna satanica abbia sputato qua e là macchie d'inchiostro, tempestando il foglio di fosche costellazioni; pare perfino che zampe guernite d'artigli abbiano graffiato la carta...

Questa sceneggiatura, quel viso sconvolto, quel libro magico dai caratteri cabalistici, le statue dei Santi, dimenticate e polverose che pregavano negli angoli, tutto quell'apparato insomma mi colpì per un momento; ma poi assalito da una voglia matta di ridere, fuggii verso la navata nascondendomi il viso con le mani.

Pochi momenti dopo fui raggiunto dal sagrestano, il quale mi domandò con gran premura se mi ero rimesso un poco dalla violenta scossa alla vista della lettera del Satanasso.

Continuavamo a girare per la chiesa solitaria e intanto lui mi raccontava la storia della famosa epistola, accompagnandola con gesti e contorsioni.

"Un giorno, mi disse il brav'uomo, arrivò a Girgenti un signore straniero, vestito magnificamente, nessuno lo conosceva, ma egli aveva una sì bella apparenza da imporre a tutti l'ammirazione e il rispetto: era il diavolo!

"Ordinariamente esso ha *li cornu, la cuda al schina, l'occhi di focu ca fa spavintari*" (le corna torte, la coda alla schiena, gli occhi di fuoco che fanno spavento). Ma quando vuole impadronirsi d'un'anima, lo sapete, si trasforma in brillante cavaliere. Durante la settimana santa si aggira nelle case in cerca di preda. Dalla morte del Signore Gesù il demonio è padrone del mondo, dal venerdì santo al giorno di Pasqua. In quel modo si ammazzano i pipistrelli che ne sono l'immagine, e si che i nostri ragazzi, nel resto dell'anno, non li risparmiano, li hanno tanto in odio che li prendono vivi e li crocifiggono, convinti di crocifiggere il diavolo e anzi ne odono le bestemmi allorché quelli sono in agonia.

"La domenica di Pasqua, mentre si celebravano gli uffizi divini, il diavolo è cacciato fuori dalle case con esorcismi. I ragazzi armati d'un tralcio secco di vite, con sette nodi, battono sulle porte, sui mobili, su tutti gli utensili domestici e si picchiano anche fra loro gridando "*Nesci fora, tentazioni, e trasissi Nostru Signuri*"! (Fuggi tentatore e che nostro signore entri!) ed esso fugge, i preti poi non fanno altro che benedire le case.

"Dunque come vi dicevo, il diavolo venne a Girgenti e vi era allora una povera giovane di una rara bellezza, *bedda quantu lu suli* (bella come il sole). Il gran signore la notò e se ne innamorò perdutamente perseguitandola poi con un continuo assedio; siccome ella resisteva, esso le offrì immensi tesori, ma invano… ed ecco, signore, la rabbi del diavolo e la traccia delle sue grinfie sulla lettera che avete vista. Poiché quella lettera fu scritta da lui alla ragazza, la povera figliola ricorse al confessore, il quale la prese in protezione e così poté sfuggire alle unghie di Satana".[80]

[80] G. Vuillier, *La Sicilia, Impressioni del presente e del passato*, Milano, C.Treves, 1897, pp. 215-216.

L'Etna nella letteratura

Luciano nel dialogo dei morti:

> *questo tutto abbrustolito chi è? - Empedocle. -*
> *Si può sapere perché ti gettasti nel cratere dell'Etna?-*
> *Per un eccesso di malinconia.*

Torquato Tasso[81], fa una descrizione orribile e terribile del potere rovinoso di Satana descritto in modo grottesco:

"Orrida maestà nel fero aspetto Terrore accresce, e più superbo il rende; rosseggian gli occhi, e di veneno infetto, come infausta cometa, il guardo splende;

Gl'involge il mento, e su l'irsuto petto Ispida e folta la gran barba scende; e in guisa di voragine profonda. S'apre la bocca d'atro sangue immonda.

Qual i fiumi sulfurei ed infiammati escon di Mongibello, e'l puzzo e'l tuono, tal de la fera bocca i negri fiati, Tale il fetore e le faville sono".[82]

Persino William Shakespeare menziona l'inferno dell'Etna nel Titus Andronicus:

> *Now let hot Aetna cool in Sicily,*
> *and be my heart an ever-burning hell!*[83]
> *l'Etna infuocata si raffreddi in Sicilia,*
> *e che il mio cuore sia un inferno di eterne fiamme!*

I diavoli e satanassi etnei sono stati trattati nella letteratura nella raccolta *I diavoli del Gebel* di Santo Calì[84]

---

[81] T. Tasso, *Gerusalemme liberata*,1581, canto IV, 1-19.

[82] *Ibidem.*

[83] W.Shakespeare, *Titus Andronicus*, 3.1, vv 242-243.

[84] S.Calì, studioso, storico e scrittore di Linguaglossa scomparso nel 1972. L'opera, pubblicata postuma nel 1995, raccoglie miti, storie e fiabe della tradizione contadina etnea. Cfr S.Calì, *I diavoli...*, cit.

D. H. Lawrence considerava l'eruzione della lava dell'Etna come un momento di autorigenerazione.

Da una "brilliant, burning" and "white hot" lava in una "Grey-black rock.

La "brilliant burning Lava" che viene fuori dall'Etna sembra ricordare il mondo infernale "burning bright" *Tyger* di Blake.

Brilliant, intolerable lava,
Brilliant as a powerful burning-glass,
Walking like a royal snake down the mountain towards the sea.[85]

Lawrence nella sua poesia *Snake* descrive il serpente come "both phallic symbol and sacred messenger from the burning darkness"[86], e rimanda alla leggenda di Zeus, che fertilizza la vergine Persephone in Sicily.[87]

Ma il rettile rappresenta anche una divinità ctonia che ritorna nelle viscere dell'Etna. Lawrence mette in risalto l'odio atavico e l'istinto omicida che si ha nei confronti dei serpenti anche se innocui.

I Diavoli etnei nel cinema e nel teatro

La *Diavolata*, o in siciliano *I Diavulazzi 'i Pasqua*, è una rappresentazione dalle origini settecentesche sull'eterna lotta tra Male e Bene: i diavoli e la Morte cercano insieme di convincere gli Uomini a restare dannati, ma l'Arcangelo Michele interviene e sconfigge Lucifero, liberando l'Umanità. Lo spettacolo si tiene

---

[85] *cfr* C. Rapisarda, *Peace in D.H.Lawrence and Sicily*, Raleigh, LULU, 2012, p. 77.
[86] Simbolo fallico e messaggero dell'oscurità (t.d.a.)
[87] C. Comellini, *Sicily in D.H. Lawrence Imagery*, Bologna, Pitagora Editrice, 2008, p.38.

annualmente nella piazza principale di Adrano, la domenica di Pasqua.

Viene rappresentato in dialetto siciliano da oltre due secoli e mezzo. In questo rito si mescolano elementi di tradizione cristiana e pagana. Sullo sfondo alcune scene dipinte dai toni accesi dove primeggia un rosso infernale, con al centro un volto diabolico e un sepolcro vuoto, vi sono tre i diavoli. Questi personaggi danno vita all'eterna lotta tra il Male e il Bene, quest'ultimo ovviamente trionfa.

La rappresentazione è affidata ad attori dilettanti.

La storia è stata scritta nel 1752 dal canonico e poeta adranita Anzelmo Laudine detto anche Anselmo Laudani.

I tre diavoli sono Lucifero, capo dei ribelli, Belzebù, il Signore delle Mosche, ed infine Astarot, con le sue 40 legioni – che sfidano il rivale, l'Arcangelo Michele, spalleggiano la Morte, eterna nemica dell'uomo, e si contendono l'Umanità, simbolo della speranza. Gesù Cristo è risorto, non è più nel sepolcro e il Bene sta per trionfare sul Male.

I diavoli quindi escogitano una strategia per persuadere l'Umanità a restare dannata.

Ma a mezzogiorno in punto, interviene l'Arcangelo Michele che sconfigge definitivamente Lucifero e i suoi fedeli. Il lieto fine, il trionfo del Bene sul Male.

I diavoli fanno parte anche nel teatro popolare dei pupi siciliani.

Locandina della Diavolata, Adrano, 2011

Nel cinema non possiamo non ricordare Pier Paolo Pasolini, che dall'Etna era così affascinato al punto di girarvi scene in quattro suoi film e "la ferocia vi compare solo in casi eccezionali".

Per Pasolini il paesaggio spoglio della vetta rimandava a una barbarie primigenia contrapposta all'opulenza della società moderna.

Ha trovato sull' Etna idonee ambientazioni: il vulcano divenne infatti set cinematografico per i film *Teorema*, *Porcile*, *I racconti di Canterbury* e *il Vangelo secondo Matteo*.

Le leggende sull'Etna

La grotta di Proserpina

Stimolate dall'immaginazione popolare alla storia della nascita dell'Etna nascono varie leggende, come per esempio il ratto di Proserpina, legata alla grotta della chiesa, un'imponente galleria di scorrimento lavico (ubicata in territorio di S. G. Galermo), ritenuta la porta dell'Ade da cui sarebbe uscito Plutone per rapire la bella figlia di Cerere.

Molti sono i miti che rappresentano la storia dell'Etna ed è certo che il cantore di Ulisse non avesse mai visitato la Sicilia, quindi non aveva avuto modo di visualizzare l'attività vulcanica, così, del resto, non ebbe la possibilità di vedere i terribili giganti né del resto il ciclope Polifemo.

Tra le popolazioni greche, al tempo della guerra di Troia, l'Etna e i suoi fuochi erano immagini comuni.

Si credeva che Zeus, padre degli dei, vi facesse preparare i suoi fulmini dal figlio Efesto e che la stessa armatura di Achille fosse stata forgiata nelle fucine dell'Etna.

D'altra parte anche la stessa mitologia pre e post-omerica, trattando la rivolta dei giganti, dopo che Zeus aveva confinato nel tartaro i titani, vuole che Encelado, uno dei giganti sopravvissuti alla morte di Alcirico, Porfirione, Eurito, Clinzio e Minare, colpito da un gran masso scagliatogli contro da Atena ne rimanesse schiacciato e desse origine all'isola di Sicilia. Anche Virgilio, riprendendo la mitologia olimpica, ci suggerisce i tre mitici giganti: Sterope, Piracmone e Bronte, abitatori delle falde dell'Etna uccisi da Apollo per vendicare la morte del figlio Aselepio.

Le ombre di questi vagano nei meandri del vulcano: erano ciclopi monocoli, costruttori di mura e fabbri ferrai, che avevano aiutato Efesto a costruire i fulmini di Zeus.

Il Ratto di Proserpina, fontana di Giulio Moschetti, Catania, 1867
(foto Giusi Giugno).

L'Etna rappresentava, per le popolazioni del mediterraneo, il
simbolo del fuoco, luogo abitato da selvaggi dediti a violenze
primordiali ed anche al cannibalismo. Solo così il grande Omero

poté descrivere quelle pagine sulla ferocia e sulla potenza di Polifemo, abitatore delle caverne, dedito alla pastorizia, lanciatore di massi, uomo primitivo e brutale rivestito di pelli.

Volendo ancora approfondire l'esame circa il rapporto tra l'Etna e le popolazioni primordiali, non si possono non riportare i temi della mitologia post-omerica che si svilupparono in questo territorio tra tante e tali leggende quella del pastore Aci e della Ninfa Galatea. Quest'ultima aveva sdegnosamente respinto l'amore di Polifemo.

Il ciclope, sorpresi i due amanti, in un accesso di bestiale furore, scagliò sul rivale un pezzo di rupe. La ninfa per strapparlo da sicura morte, tramutò l'innamorato in un fiume che da lui prese il nome e alla cui foce, in seguito sarebbe approdato Ulisse. [88]

La pantofola della regina

Una leggenda fa risiedere la regina Elisabetta, rapita dai diavoli per il *turpe foedus* ovvero il patto col demonio stipulato per governare il difficile regno d'Inghilterra.[89]

La leggenda è nota tra i pastori brontesi. La regina Elisabetta per sbarazzarsi delle difficoltà che le impedivano di salire al trono, invocò il diavolo il quale le si presentò in persona e concluse con lei il contratto che l'avrebbe fatta regnare 44 anni. Essendo vicina a morte, Satana, con un corteo di diavoli era al suo capezzale. Appena spirata, il diavolo se la portò via.

---

[88] http://www.lumaromilazzo.com/etna/

[89] L'idea del patto era già nota nel Regno Unito, un anonimo inglese aveva scritto nel 1587 *historia von Johan Fausen*. Che a sua volta ispirò Marlowe per il suo *Doctor Faustus, The tragical history of Doctor Faustus*, che fece un patto col diavolo per la conoscenza, fu scritta prima del 1590.

Sorvolò il mare tempestoso, attraversò Francia e Italia tra bufere, infernali. Stanco dal viaggio e dal peso, per riposarsi della fatica del lungo volo, depose la regale preda in cima alla Rocca Calanna, tra Bronte e Maletto, dirimpetto all'Etna.

Ripreso il volo, cadde dal piede della regina una pantofola tempestata di gemme, della quale, si dice, rimase impressa l'orma sulla rocca.

Un pastore che lì presso pascolava il suo gregge, vide quello stormo diabolico e una donna che portava corona, fra le branche di Satanasso, scomparire tra vortici di fiamme e di fumo nel cratere dell'Etna. Impaurito si segnò e cadde tramortito a terra. Riavutosi dallo spavento scorse qualche cosa luccicare sopra la rocca. Era la pantofola della regina; la volle raccattare, ma gli scottarono le mani. Tornato al paese, più morto che vivo, racconto la cosa ad un abbate che s'intendeva di stregonerie. L'abbate stregone dunque, con la stola, l'aspersorio e un vecchio libro del "500" si recò sul luogo e cominciò i suoi esorcismi; ma la pantofola non si moveva e sfavillava.

Mandò a chiamare a Bronte Suor Colomba, monachella invasata dal demonio, che parlava tutte le lingue.

La monachella lesse il nome della regina rabescato in oro sulla pantofola. Ai novelli spergiuri dell'abbate, la pantofola fu vista lentamente sollevarsi in aria e, gettando sempre fiamme, andare a posarsi sulla torre vicina dell'Abbazia di Maniace, che aveva fatto fabbricare un'altra regina.

La Rocca Calanna e, alla sua base, le cellette funerarie, presumibilmente di epoca bizantina.

Sono consimili a quelle di Contrada Contura e di altre zone brontesi (Placa Baiana, Margiogrande, Mangiasarde, Grotte dei Saraceni...). Voglion dire che la regina era venuta a mettere sotto la protezione della Gran Bretagna, quelle terre. Quando l'Ammiraglio Nelson a Palermo, fra feste ed orge, fu creato duca di Bronte, una dama riccamente vestita gli presentò un cofanetto dorato. Apertolo, l'Ammiraglio rimase abbagliato alla vista della regale pantofola, tutta lucente di gemme. Domandò alla donna, ma era scomparsa. L'Ammiraglio portò seco la pantofola come talismano, in tutte le battaglie.

Prima della battaglia di Trafalgar, gli apparve in un sogno la donna del cofanetto dorato, regalmente vestita, che gli chiese conto della pantofola. Ma la pantofola, prima di partire, egli l'aveva donata alla donna dagli occhi fatali[90]:

«Sciagurato, gli disse la donna, tu morrai in questa battaglia»; e scomparve. L'ammiraglio vinse la battaglia, ma vi perdette la vita.

Una variante sempre legata alla vendita dell'anima da parte della regina Elisabetta d'Inghilterra. Alla sua morte Satana prese l'anima di Elisabetta e, la portò via. Dopo aver superato Francia, Svizzera ed Italia riposò insieme ad Elisabetta in Sicilia vicino Bronte. Ma l'indomani nel riprendere il volo una pantofola tempestata di diamanti cadde dal piede della regina per finire nel cratere dell'Etna. Qualche secolo dopo l'ammiraglio Orazio Nelson fu nominato duca di Bronte, e si narra che durante la cerimonia della donazione a lui della ducea che prende ancor oggi il suo nome, sia apparsa una dama che gli diede in dono un cofanetto con dentro la preziosa pantofola, avvertendo che se l'ammiraglio se ne fosse separato sarebbe caduto in disgrazia.

Nelson si accompagnò al cofanetto per molto tempo ma poco prima della battaglia di Trafalgar lo donò a sua volta alla duchessa Hamilton e fu così che la notte prima della battaglia lo spirito di Elisabetta gli predisse la vittoria e la sua morte... [91]

---

[90]https://archeonexus.wordpress.com/2013/06/22/leggende-delletna-pt-1/
[91]http://ricerca.repubblica.it/repubblica/archivio/repubblica/2006/11/28/il-testamento-di-nelson-sul-castello-di.html

Re Artù e l'Etna

Re Artù giace nel bosco dell'Etna sede del Purgatorio; in un torrido giorno di un'estate senza tempo lo spirito di Artù va errando insanguinato per l'Etna, Calì narra ne: *La reggia nella caverna del Gebel.*

"Sulle balze sabbiose della regione deserta del Gebel, che si estende a monte della Pedara; in un caldo pomeriggio di luglio, tra le ginestre rigonfie di luce e gli aspri piraini inteneriti di verde, si aggira l'ombra di un cavaliere stanco, gli si era raggrumato il sangue sul volto biondo, aveva il braccio ferito fasciato, urlava Mordred, scellerato Mordred."

Creduto dai contadini un pellegrino bisognoso d'aiuto, Artù ripara nel profondo di una grotta.

A questo punto la scena si sposta nelle scuderie del Vescovo di Catania dove un palafreniere sta strigliando un bianco stallone, di nome Albino, che infiammatosi per una giumenta fugge dalla stalla. L'uomo rincorre il cavallo per ogni dove sul vulcano fin quando, sul costone di Monte Fallacca, ne scopre e ne segue le orme che si perdono in fondo ad una grotta.

Al lume della teda il garzone seguiva nella grotta le pedate e la grotta, misericordia, non finiva mai, ed era stretta, e le pareti, al lume della teda, parevano ombre che si muovevano, ombre di leoni, di cani, di briganti al passo, di anime decollate, di vecchie streghe, e il garzone sudava freddo, e andava avanti senza tempo, chissà per quanti giorni e per quante notti, ma in quella grotta era sempre notte.

Quando la stanchezza stava per vincerlo, che non ce la faceva davvero più a fare ancora un altro passo, gli parve di vedere nel fondo nero della spelonca un puntino bianco come la capocchia di uno spillo, poteva essere un lumicino, e per questo chiamò all'appello tutte le sue forze, avanti, avanti, ancora, e ad ogni passo il puntino bianco cresceva, era già uno sprazzo di luce, sempre più grande, laggiù la stretta spelonca aveva termine e si allargava; ormai si intravedeva la campagna verde e il cielo azzurro.

Il garzone buttò via la teda non ancora consumata, disse sia lodato Nostro Signore, e uscì all'aria libera, al sole che splendeva alto ed era caldo e limpido nell'azzurro del cielo.

All'uscita della grotta si estendeva una vallata verde, almeno dieci volte più grande del feudo di Nicolosi; si estendeva in mezzo ad una corona di monti ed era piantata a meli e peri, a nespoli nostrali e nespoli del Giappone, e ogni pera pesava un chilo e colava miele, e i pomi pesavano di più, e le nespole sembravano pomi, ... il garzone s'era scordato della stanchezza, guardava a bocca aperta il paradiso terrestre, nel mezzo del giardino si alzava un castello con cento arcate..."

La storia si conclude all'interno del castello, il garzone incontra Artù coricato ed assistito da Morgana; centocinquanta cavalieri silenziosi lo vegliano. Artù racconta la sua triste storia fa, quindi restituire Albino allo stalliere e invia doni al vescovo di Catania: oggetti modellati da ...

"... i fabbri delle officine del Gebel, vecchi fabbri, infaticabili, dalla muscolatura poderosa; lavoravano alle dipendenze di Re Artù, nei sotterranei del suo palazzo, ed erano in sostanza dei diavoli, ma dei diavoli onesti, che faticavano ventiquattro ore al giorno, e non facevano mai sciopero, e se nelle loro officine il lavoro mancava, scendevano a valle fra gli uomini, in cerca di occupazione.

Il popolo, quando ne aveva bisogno, li chiamava così:

Diavuli, c'abbitati Muncibeddu,
scinniti, ca bbi veni di calata;
puttativi la ncunia e lu matteddu,
cc'è di bbuscari na bbona iunnata."

Sembra quasi di assistere ad una rappacificazione tra l'uomo etneo e i terribili diavoli che diventano onesti e infaticabili lavoratori. Calì conclude tristemente.

"Ma erano altri tempi quelli. Erano i tempi in cui Re Artù abitava nel Gebel, tempi lontani; quasi mitici.

Da allora la Montagna è scassata almeno cento volte!" [92]

Le orme del diavolo

La storia della tradizione popolare siciliana, anche per via della presenza dell'Etna e del vario susseguirsi di dominazioni e influenze religiose, si è spesso incrociata con la presenza del Diavolo.

In ogni caso, come spesso è accaduto, anche in questo caso il popolo siciliano si è distinto rispetto ad altre tradizioni, offrendo la figura di un personaggio non sempre attinente alla classica raffigurazione del maligno.

Il Diavolo della tradizione popolare siciliana sembra avere una propria autonomia, opera a suo piacimento, quasi non dipendesse da Dio come nella tradizione cristiana.

Si tratta di un personaggio a metà tra le divinità pagane e gli esseri fantastici che popolano i monti e le foreste (fate, folletti, gnomi); non a caso, infatti, molte leggende narrano di incontri con il Diavolo durante i quali quest'ultimo somiglia molto più ad uno spirito femminile, a metà tra la ninfa e la strega. Si tratta di un essere indefinito, spesso capriccioso, il più delle volte malefico, che a volte si presta alla volontà di chi riesce ad evocarlo. Sembra, abbia addirittura lasciato numerose impronte del suo passaggio sparse in quasi tutta l'isola. Una delle impronte

---

[92] Cfr M. Fiume introduzione in S. Calì, *I Diavoli*, cit, pp. 155-160 e pp. 46-52.

si trova nella strada che da Aci S. Antonio conduce ad Aci Bonaccorsi, in contrada Scalazza; si tratta di un masso con due incavi che assomigliano molto alle impronte di due piedi e che secondo l'interpretazione popolare sarebbero, quella di destra la cosiddetta del Signore e quella di sinistra del Diavolo.

La mulattiera Scalazza in contrada Cassone, la pietra col nome a *Pidata du diavulu* ovvero l'ombra del diavolo

I fanciulli puliscono e baciano quella mentre spregiano quest'ultima; anzi come cosa fatta dal demonio, cercano di guastarla, battendovi su con le pietre: ma essi credono che, per quanto la distruggano nel giorno, sia impossibile farla sparire, perché si riproduce durante la notte.[93]

---

[93] V. Di Giacomo, *Leggende del Diavolo*, Cappelli, Bologna, 1962, p. 35.

Anticamente, chiunque si trovava a passare vicino a quel masso era solito fare devotamente il segno della croce; inoltre, secondo quanto si raccontava, anche volendo cancellare la Pedata del Diavolo questa il giorno dopo si riproduceva nuovamente. A Mascali su una traversa di via Rogatuso, alla fine di via Pedata sant'Agata, esiste un altarino con un'immagine ottocentesca della santa catanese. Scavata sulla roccia lavica, una piccola orma umana di fanciulla disegna la forma del piede della santa. Lì accanto, ci assicurano i vicini, era visibile una seconda orma, questa volta a forma di piè di capra: quella del diavolo tentatore delle virtù virginee della nostra santa.

Altre impronte si trovano ad Aci Platani, Aci Catena e Acireale, quest'ultima in un grosso blocco di pietra lavica.

Altre testimonianze provengono da Isnello (Palermo), dove in un grosso blocco di arenaria gialla si vede una impronta umana; secondo la tradizione sarebbe stata lasciata dal Diavolo mentre trattava con alcuni contadini ai quali aveva promesso un tesoro in cambio dell'anima.

Insomma il diavolo ci ha sempre tenuto a far rimanere dopo di sé un effetto, un'influenza che si protrae nel tempo. Forse per questo in Sicilia non ni viremu mai lustru.[94]

---

[94]https://www.facebook.com/LudumMuseodellaScienzaCatania/posts /le-orme-del-diavolola-storia-della-tradizione-popolare-siciliana-anche-per-via-d/1677382545715295/

I folletti sulla lava

Alcuni folletti vengono "visti" danzare sulla lava a Paternò durante l'eruzione del 27 maggio del 1780 da Anicito Guido: "Si gittarono nelle vive fiamme la bambagia benedetta, ed il corporale, ed altri sacri frammenti, e con istupore de' circostanti, si mantennero non solo illesi per bona pezza di tempo, ma ritenenti pure il lor nitido color naturale. Con tutto ciò null'atterrito quel mostro né da' sacri esorcismi, né da quella imperiosa intima, accrescendo vieppiù le sue furie si diffondea in quel distretto senza cessazione. Raccontasi intanto, che nell'atto si mediva da quei sacri Ministri videsi nelle bocche del Monte d'onde scaturiva saltar come un folletto di fuoco certi spiriti, che guizzando fra loro, e percotendo strepitosamente quell'aria con fieri urli, e muggiti ricadeano precipitosi nel centro; quinci addiviene ciò, che da taluni congetturalmente riportasi; che il fuoco sia fuoco di averno, o a che fomentarlo vi sia sicuramente mistura, ed opera delli spiriti infernali, giacché affrontati dall'armi della Chiesa orribilmente ne strillano.[95]

[95] Don V. Anicito Guido, *Della Liberazione del Feudo di Villabona, o sia Regalna dall'incendio di Mongibello*, Catania, 1785.

Incisione n° VIII tratta da Francesco Morabito, *Catania liberata*,
1669, Biblioteca Regionale Universitaria di Catania

San Giorgio e il diavolo

Si racconta in Sicilia, che San Giorgio, prima di essere cavaliere
e sconfiggere il drago era un pastore dell'Etna.

Un giorno incontrò il diavolo travestito da pastore. Giorgio
fece finta di non conoscerlo, i due si salutarono educatamente ed

il diavolo gli chiese se volesse vedere il proprio gregge. Giorgio acconsentì e si spostarono verso la valle del Bove.

Mentre si incamminavano, dalla terra venne fuori un cratere che eruttava senza sosta della lava da dove uscivano serpenti che si distorcevano e che a sua volta facevano uscire lava dalla propria bocca.

Il furbacchione del diavolo voleva impressionare san Giorgio che non gli diede "sazio".

A quel punto il diavolo, un po' deluso perché la sua sceneggiata non aveva destato scalpore volle sfidare san Giorgio.

Chi dei due era più intelligente?

Decisero che la prova di intelligenza consisteva nel fatto di vedere le cose, ognuno prendeva la metà che gli piaceva e chi azzeccava la parte migliore vinceva.

Iniziarono la sfida eleggendo un tratto di terra. Il diavolo immediatamente scelse la parte più verde e a san Giorgio rimase quella più brulla.

Giorgio disse al diavolo che si sarebbero rivisti a giugno per verificare quale delle due scelte sarebbe stata la più intelligente. Così fu, a giugno, quando tornarono il diavolo dovette ammettere di aver sbagliato in quanto la sua parte era piena di stoppie, mentre quella di san Giorgio piena di biondissimo grano.

Ma il diavolo non poteva perdere così spudoratamente. Allora propose un'altra sfida, e anche questa volta Giorgio acconsentì.

Vedendo un altro terreno il diavolo senza pensarci due volte disse che avrebbe preso la parte di sopra, mentre quella di sotto (il suolo per intenderci) sarebbe andato al santo. Anche questa volta si dimostrò un fallimento perché le piante che aveva scelto il diavolo erano di liquirizia di cui solo le radici sono buone da gustare.

Il diavolo iniziò ad arrabbiarsi seriamente e propose una terza sfida. Questa volta non si doveva scegliere una parte di terra, ma di mare.

Ovviamente lui decise di prendersi le cose più grandi e san

Giorgio diede quelle più piccole. Risultò che nel mare le cose più grandi erano gli scogli, mentre le più piccole erano perle, pesci e coralli.

Furioso come non mai il diavolo sparì.

Autore: Alessandra Cancarè.[96]

La leggenda di *cumpari* Alfio

Compare Alfio era un proprietario terriero. Ogni anno, per mietere e trebbiare il grano del suo terreno, si faceva aiutare da un operaio. Quell'anno ingaggiò un giovane molto forte e aitante, di nome Turiddu. La moglie di compare Alfio si invaghì subito di Turiddu al quale fece subito capire le sue attenzioni. Turiddu dormiva in un pagliericcio vicino al letto dei suoi padroni. Durante la notte si tormentava nel sentire sospiri della moglie del compare Alfio e il cigolio del letto. Un mattino Turiddu si accorse che compare Alfio era molto preoccupato e si comportava in modo molto strano. Chiese al suo padrone il motivo di quel suo comportamento. Compare Alfio gli raccontò che durante la notte aveva fatto un bruttissimo sogno. Gli era apparso il diavolo che aveva nel capo delle grossa corna che muggiva come un toro infuriato. Questo racconto fece sorgere nella mente di Turiddu il modo col quale poteva approfittare della moglie di compare Alfio, alla quale lo comunicò durante il giorno. La donna accettò e la notte successiva Turiddu si affumicò il viso e si legò nella fronte un grosso paio di corna di caprone e saltò sulla donna. I rumori, che la coppia faceva, fecero svegliare compare Alfio al quale si rivolse la moglie dicendogli che c'era il diavolo su di lei e implorando il marito di prenderlo per le corna

---

[96] https://www.lamiasicilia.org/storie-e-leggende/san-giorgio-e-diavolo

poiché pesava molto. Compare Alfio si incoraggiò e riuscì ad afferrare le corna e le tirò in modo così violento che riuscì a strapparle al povero Turiddu che, intanto, aveva raggiunto il suo scopo e che quindi, furtivamente, si allontanò dal letto e tornò al suo giaciglio. L'indomani compare Alfio, molto contento per l'azione compiuta la notte precedente, si mise in testa le corna strappate e la moglie, ammirata, gli diceva che esse stavano molto bene nella sua testa.[97]

Il Diavolo meridiano

Donna Ciccina Babbalea era bizzocca, la decana delle bizzocche della Chiesa di San Martino a Randazzo, il mestiere di bizzocca delle contrade dell'Etna era noto sino a qualche decennio fa.

C'erano al mio paese tanto le bizzocche e tanto le monache di casa, quelle vestivano con le camicette incollate e le maniche lunghe e la gonna sino alle caviglie, d'estate soffocavano, queste indossavano abiti monacali, marrò scuro, non avevano preso i voti, ma bizzocche e monache di casa facevano a quando non avessero trovato un marito. Allora lo stesso prete le scioglieva dal voto, amen, augurava ai novelli sposi in prospera vigilanza e abbondante raccolta di carismi nella vigila del Signore.

I compiti delle bizzocche erano ben definiti: non mancavano a nessuna funzione religiosa, erano le rosarianti ufficiali dei tridui e delle novene, ma anche degli ottavari e delle tredicine, le quindicine erano riservate ai Santi più importanti e precedevano la festa del Patrono; di rosari le bizzocche ne sapevano d'ogni sorta, quello dei misteri gloriosi e quello con i misteri dolorosi e quell'altro con i misteri gaudiosi. Nei rosari dicevano

---

[97] http://www.sampognaro.it/storie_e_leggende_siciliane.htm

Cincu chiai e ccincu rrosi
Pi mmiu amuri Ddiu li vosi
Peccu piccai meu Sdomini
Iè miserere mei,

/.../ i burloni misero in giro che Ciccina aveva avuto quel figlio per virtù dello Spirito Santo, un giorno Don Casimiro salì sul pulpito, fece alle donne un vago cenno sul peccato di Ciccina, i vostri figli, disse, i vostri mariti sono fuori della Grazia di Dio, bestemmiano lo Spirito Santo, bestemmiano me, sacerdote del Cristo puro, ma quella è stata opera del maligno, del diavolo meridiano.

Il diavolo meridiano appare alle ragazze dell'Etna nei mesi di Luglio e Agosto, nella calura del meriggio, appare alle ragazze smaniose di marito, di uomo, di monaci, com'è mia cugina Nicoletta, sotto forme diverse, ora assumendo l'aspetto di un Nardo Portaboraccia, ora quello di un sagrestano, ora quello di un parroco, sempre di un uomo di conoscenza, appare improvviso, mentre la ragazza ha la testa piena di nebbia e non ha forza di respingerlo, anzi sente un languore e una spossatezza che invitano; dicono che il diavolo meridiano scenda dalle grotte dell'Etna, e riparta all'improvviso, così come è venuto; sul più bello; non appena gli alberi allungano l'ombra nelle campagne riarse,[98]

La personificazione del diavolo

Il Diavolo della tradizione popolare siciliana sembra avere una propria autonomia, opera a suo piacimento, quasi non dipendesse da Dio come nella tradizione cristiana.

---

[98] A penna, di pugno dell'Autore, a p. 3 del dattiloscritto, si legge: "i demoni bazzicano- è naturale- nei conventi, la lotta è contro i più diretti avversari; più uno si vuole fare santo, e più i demoni lo contrastano".
S.Calì, *I Diavoli di Gebel*, op. cit, pp.107-112.

Si tratta di un personaggio a metà tra le divinità pagane e gli esseri fantastici che popolano i monti e le foreste (fate, folletti, gnomi); non a caso, infatti, molte leggende narrano di incontri con il Diavolo durante i quali quest'ultimo somiglia molto più ad uno spirito femminile, a metà tra la ninfa e la strega. Si tratta di un essere indefinito, spesso capriccioso, il più delle volte malefico, che a volte si presta alla volontà di chi riesce ad evocarlo.

I principali diavoli della credenza popolare siciliana sono due: *Lu-Cifru* e *Zuppiddu*.

Il primo si presenta come un essere mostruoso e superbo, mai volgare, molto simile a quelli della letteratura inglese dell'Ottocento; difficilmente si interessa alle faccende degli uomini, e quando deve operare il male lo fa in maniera sottile, astuta, senza violenza. Viene descritto come un essere con i piedi caprini, gli occhi rossi e le ali da pipistrello, che vive in solitudine in una grotta dove si è costruito un trono di pietra.

Zuppiddu, al contrario, è un diavolo "simpatico", sempre impegnato a tentare gli uomini mostrando loro i piaceri proibiti della vita; ama i giochi d'azzardo e il buon vino, e per la sua costante allegria non è ben visto dagli altri diavoli. Secondo la credenza popolare, la sua grande passione, alquanto singolare, è quella di far stringere matrimoni tra persone anziane, avendo cura che lo sposo sia vecchio e la sposa, invece, una graziosa e giovane fanciulla. Ama inoltre diffondere la maldicenza e favorire le avventure galanti, in pratica una sorta di Cupido infernale, tanto da venire descritto con l'aspetto di un aitante giovanotto e senza la classica coda.

Esistono ovviamente anche dei Diavoli ritenuti inferiori, di secondo ordine; tra questi molto popolari sono *Massamureddu*, *Farfareddu* e *Ntandiddu*.

Si tratta di tre emissari di Lu-Cifru, i quali si occupano di eseguire i suoi ordini e di infliggere supplizi alle anime dannate, mentre il loro aspetto è molto simile a quello delle creature infernali descritte da Dante nella *Divina Commedia*.

Massamureddu è uno dei diavoli più terribili, suscita i venti, le tempeste, le trombe marine, è la causa dei terremoti, delle carestie, in pratica di tutti quei flagelli che producono la miseria e la morte. 'Ntantiddu è un diavolo bugiardo e ingannatore, si diverte a lusingare gli uomini con la menzogna, promuove la discordia, il furto, l'omicidio e la bestemmia.

Farfareddu, infine, ha la missione di indurre l'uomo al peccato mediante l'incubo notturno, ma può tentare soltanto quelli che non sono stati battezzati.[99]

Lucifero nel regno delle fate

Quando Lucifero fece guerra a Gesù Cristo, l'Arcangelo Michele l'inseguiva per l'aria e Lucifero [...] si lasciò andare verso la Sicilia e andò a nascondersi in Mongibello. [...] ma la testaccia gli usciva fuori [...]. San Michele [...] con un colpo di spada, gli fa saltare un corno, il quale andò a cadere a Mazzara, [...].

Lucifero, vista la mala parata, spicca un salto e con un morso gli porta via una penna dell'ala [...] che è tutta di perle finissime [...] e che cadde a Caltanissetta, ma non vi è più [...].

"Un'altra leggenda che è dell'VIII secolo: Le nozze di Satana la racconta il Calì Fragalà. [...]

I pastori brontesi, oltre la leggenda della pantofola della regina Elisabetta, narrano un'altra leggenda che parla di *una cagnolina nera dagli occhi di brace* che guaisce *per i sentieri del bosco*. Alcuni dicono essere l'anima del *"maestro Ignazio Cereprino, magnano; altri dicono essere l'anima di un prete [...]"* che i diavoli buttarono nel cratere dell'Etna.[100]

---

[99] Z. La Paglia in http://www.vivict.it/usi-e-costumi/misteri-sicilia-diavolo-sicilia/

[100] G.Pitrè in:
http://www.bronteinsieme.it/3pe/Memorie%20storiche/flor_12.htm

Lu Diavulu Zuppiddu

'Na vota cc'era lu Diavulu Zuppiddu, ed era a casa càuda. Murevanu omini e tutti javanu a lu 'nfernu; e iddu cci spijava: - «Ora vuàtri omini pirchì vi nni viniti tutti a lu nfernu?» Rispunnevanu iddi: - «Pi causa di li fimmini.» Ora lu diavulu, curiusu, dici: - «Mi vogghiu passari na cusiritati.» Si vistíu di cavaleri, e si nni vinni 'n Palermu: e si misi a passiari davanti un finistruni e vitti a 'na picciotta ca cci piacíu. Passía, passía, cci piacíu, e cci mannò pi matrimoniu, cu pattu ca la vulía cu la sula cammisa; e tuttu chiddu chi vulía supra d'idda, sta picciotta cci l'avia a dumannari mentr'era zita; «e badassi ca ddoppu maritata nun m'havi a dumannari cchiù nenti». Idda cci dissi sì, e lu cavaleri cci fici la gran rubbuna, ca idda si putía vèstiri pi tutta la sò vita. Si maritaru, e ddoppu jorna lu maritu si la purtò a lu tiatru. Essennu a lu tiatru, (li fimmini, si sapi!) si misi a taliari l'àbbitu di chista e l'àbbitu di chidda; nni vitti unu ca cci piacíu assai, e idda 'un l'avia; e cci accuminzò a fari la gula nnicchi-nnicchi pi avillu. Ma sò maritu cci avía dittu ca 'un cci avía a diri cchiù nenti di robbi...; e idda ammussau. Sò maritu cci spijau: - «Rusidda, chi hai ca si' siddiata?» - «Nenti.» - «Ma tu 'un mi pari tutta.» - «Veru: nenti haju.» - «Mai, megghiu mi la vô' cuntari.» - «Ora lu vôi sapiri? Haju vistu a una c'un àbbitu ca io 'un l'haju, e sugnu siddiata ca 'un lu pozza aviri.» Lu diavulu, ca cci senti diri accussì, sata comu un tappu di masculu - «Ah! 'nca veru è ca l'omini si nni vannu a lu 'nfernu pi causa di vuàtri fimmini!» La lassa 'n tridici, e si nni va. E si nni iju nn' un compari sò, e cci cuntau tuttu lu passaggiu cu sò mugghieri. Poi cci dici: - «Sapiti ch'haju pinsatu? Io ora mi vaju a 'ncurpùrari 'ntra lu corpu di la figghia di lu Re di Spagna; idda cadi malata; jèttanu un bannu: «Cu' fa stari bona a la figghia di lu Re, si la pigghia pi mugghieri s'è omu, o puru havi du' mila unzi, s'è fimmina.» Vui, allura, viniti a libbiralla; comu io sentu la vostra vuci, io mi nni vaju e la lassu libbira, e vui vi la pigghiati pi mugghieri, e addivintati Re.» Comu lu Diavulu Zuppiddu si iju a 'ncurpurari nna la figghia di lu Re di Spagna, e idda nun parrava cchiù, lu Re jittò un bannu: «A cu' fa stari bona a mè figghia, s'è omu si la pigghia pi mugghieri; e s'è fimmina, un gran cumprimintuni.» Va e va stu cumpari; la sintinella 'un lu vulía fari tràsiri: ma idda, ch'avía lu setti di mazzi 'ncasciatu, ci dissi: - «A li curti: È veru ca pò tràsiri cu' voli pi fari stari bona a la Rigginedda? Dunca vogghiu tràsiri puru io.» A stu cuntradittoriu affaccia lu Re; comu senti la cosa: - «Sùbbitu, dici a la sintinella chi passiava ddà, facitulu acchianari.» E lu cumpari acchianò. Lu Re comu l'appi di facci e facci cci dissi: - «Quantu tempu vôi pi fari stari bona a mè figghia?» - «Tri jorna, Maistà. E la Maistà Sua m'havi a 'nchiùjri 'nsèmmula cu sò figghia; e si senti battaria, 'un si nn'havi a 'ncaricari, ca chistu è signu ca idda va megghiu.» Comu trasíu 'ntra la cammara di la Rigginedda, lu cumpari cuminciò a diri a lu diavulu: - «Va, cumpari; nisciti di ccà, e lassàti libbira la Rigginedda!» Arrispunni lu diavulu dintra la Rigginedda: - «Cui? io? Io ccà cci staju bonu; chi vi criditi ca io mi nni vaju?» - «Cumpari, vu' chi diciti veru? Nisciti, ca masinnò mi faciti appizzari lu còriu!» - «Mai, cu' nni parra! Io di ccà 'un mi nni vaju mancu cu li baddi!» Lu poviru cumpari si misi a prigallu comu li Santi pi nèsciri, ca già avia lu scantu ca passavanu li tri jorna. L'urtima jurnata, strittu e malu paratu lu cumpari va nni lu Re e cci dici: - «Maistà, pi stari bona sò figghia cci voli ca sparàssinu li so' fraàti. Sò Maistà li facissi sparari» Lu Re duna ordini; e li fraàti mìsiru a sparari. Si vôta lu diavulu: - «Cumpari, chi su' sti cannunati?» - «Stà vinennu vostra mugghieri, e fa 'na sarviata.» - «Mè mugghieri! dici lu diavulu; mè mugghieri! Io scappu, ca mancu nni vogghiu sèntiri cchiù lu ciàuru.» Jetta 'na saitta di focu, e scappa: e lassa libbira la Rigginedda. Lu cumpari fici tràsiri lu Re, e cci fici vìdiri a sò figghia bona d'un tuttu. Lu Re, cchiù cuntenti d'iddu, cci la detti pi mugghieri e si lu tinni a Palazzu. E di stu fattu nni veni ca li fimmini 'un su' cuntenti mai,

80

e la ruina di l'omini su' iddi. E cu' l'ha dittu e cu' la fattu diri, Di mala morti nun pozza muriri.[101]

Il diavolo barbiere

A mezzo chilometro da Giarre, sulla riva destra del torrente Macchia, e precisamente nel punto detto Sciarredda, si vedono tuttora le rovine di un'antica casaccia, entro la quale la leggenda vuole che sia nascosto un gran tesoro, così che il popolo per indicare una gran ricchezza suol dire: la trovatura d'a Sciaredda

Ora, per impadronirsi di questa trovatura, occorre recarvisi di notte, invocare il demonio e farsi fare da lui la barba, resistendo coraggiosamente a tutto quello che può presentarsi. E narrasi che un tale Maestro Bartolo, assieme ad un amico, abbia tentato l'impresa e siasi dato nelle mani dello strano barbiere, comparso alle loro invocazioni. Ma più il rasoio passava sulla sua faccia, più la barba rinasceva, così che la cosa andava troppo alle lunghe; sinché vedendo che egli non si stancava né si impauriva di quella operazione che non finiva più, uscì dalla terra un serpente. Il compagno cercò allora di far coraggio a maestro Bartolo, dicendogli che si stava per vincere l'incanto, ma questi ebbe paura del mostro che gli si accostava, invocò la Madonna; e in mezzo ad un gran fracasso si trovò sbalestrato assai lontano. (Giarre)[102]

I sotterranei di Santa Maria Randazzo

Sotto la chiesa di santa Maria sono sette magazzini pieni di tesori mai visti, a cui si giunge per sette porte di ferro, la prima delle quali è in fondo al coro.

Le porte però si aprono solo fugacemente nella notte di Natale, e chi volesse entrarvi può solamente profittare di quei pochi istanti.

---

[101]G. Pitrè in:
http://www.webalice.it/giovanni.sammataro/pit/zuppiddu.htm
[102] V. Di Giacomo, *Le leggende...*, cit., p 75.

Ma l'inoltrarvisi è pericoloso, perché sul cammino s'incontrano numerosi trabocchetti, spade lance, rasoi, che possono fare a pezzi il malaccorto.

Ci fu una volta un tale che volle tentare l'impresa, e la notte di Natale riuscì a penetrare nelle stanze del tesoro, ma abbagliato dalle immense ricchezze perdette tempo, cosicché le porte si chiusero e restò la dentro, chi dice cambiato in statua, chi dice in potere del diavolo.[103]

Lo spirito dell'otre

Una notte un contadino tornava a casa a piedi dalla piana. Giunto a Pisciazzaro antico, a occidente di san Pietro, vide in mezzo alla strada un otre pieno di olio. Il poveretto si rallegrò, si caricò l'otre sulle spalle e continuò a camminare per la strada di casa. Ma più andava e più l'otre diventava pesante, finché giunto a un certo punto, il contadino non poté più e lo posò sopra un muro.

Ma mentre lo deponeva, intese una voce grossa da dentro all'otre: "posami piano, che mi ammacco".

Il poveraccio, come udì in quel modo: "mamma mia, era il diavolo!", e si fece il segno della croce. L'otre cadde in terra, ruzzolò giù per la strada, gettò un cerchio di fuoco e scomparve. In quell'istante suonava mezzanotte.

Il villano fuggì, ma tanta fu la paura, che di lì a quindici giorni morì (San Pietro Clarenza)[104]

---

[103] *Idem*, p. 127.
[104] *Idem* p 45.

I diavoli di Mongibello

Ogni anno il cinque di ottobre, quando c'è il plenilulio, i pastori di Randazzo, dalle mandrie della Dragonara guardano alla cima di Mongibello, e a mezzanotte in punto scorgono un cane nero saltare giù dal cratere, inseguito da due cani anch'essi neri, e poi si mettono ad abbaiare alle stelle, si rotolano giù per le chine sabbiose, si insanguinano le coste strisciando per gli anfratti scheggiati di lava ai piedi dei Fratelli pii, addentano a valle i cespugli degli spiriti santi e una bava purulenta gli cola giù dai ceffi , sfrecciano per i canaloni dei Monti Deserti, si fermano tutti e tre alla Grotta della Ginestra; e li si mettono ad ululare rabbiosamente, a turno, e quando smette l'uno comincia l'altro, e poi tutti e tre insieme, come se facessero un discorso, un discorso concitato, litigioso, estenuante, in attesa del sole.
Quelli che hanno studiato nel Libro del Cinquecento e comprendono perciò il linguaggio delle streghe e dei diavoli, affermano che i tre cani ... litigano a quel modo sempre per via della roba, si rinfacciano a vicenda le loro malefatte, i loro latrocinii, predicano poi, in coro, agli uomini del deserto che le ricchezze che vengono col vento, col vento se ne vanno.

Così ringhiano per tutta la notte, e non smettono di ululare se non quando le prime luci dell'alba chiazzano di bianco e di zafferano la linea incerta dell'orizzonte, allora si scuotono di dosso la brezza della notte, e col ventre per terra risalgono su per la grigia petraia, sino a scomparire, come tre granelli di sabbia, dentro lo zolfo ribollente del cratere.[105]

---

[105] S. Cali, *I diavoli*.... op.cit., pp. 78-79.

La coda del diavolo, ovvero le tentazioni delle 'nduppatedde

Sestini, curatore del museo del Principe di Biscari, mette in risalto il ruolo delle *nduppatedde*, vestite di nero a lutto, con un occhio solo per poter vedere, che si mischiano nella folla durante la festa di S.Agata a Catania e invitato gli uomini a pagare "la fiera". Le nduppatedde così come scrive Verga è un probabile retaggio della cultura araba delle *mzabite*.

Anche Hoüel descrive le *Nduppatedde* catanesi mettendo in contrasto il loro abito nero con quello bianco dei devoti: "un bon nombre de femmes, de tout rang, se couvrent aussi, sous prétexte de pénitences & de modestie, de leur mante noire. C'est un grand voile qui le couvre entièrement de la tête aux pieds, à l'exception d'un seul oeil…"[106]

La tradizione delle penitenti è menzionata da Hoüel anche nella festa di S.Barbara a Paternò.[107]

Giovanni Verga ne parla nella novella La coda del Diavolo:

A Catania la quaresima vien senza carnevale, ma in compenso c'è la festa di Sant'Agata, -gran veglione di cui tutta la città è il teatro- nel quale le signore, ed anche le pedine, hanno il diritto di mascherarsi, sotto il pretesto d'intrigare amici e conoscenti, e d'andar attorno, dove vogliono, come vogliono, senza che il marito abbia diritto di metterci la punta del naso. Questo si chiama il diritto di 'nduppatedda[108], diritto il quale, cjeccè ne

---

[106] J. P. Hoüel, *Voyage pittoresque des îles de Sicile, de Malte et de Lipari*, Paris, De l'imprimerie de Monsieur,1784.

[107] D. Sestini, *Descrizione del Museo d'antiquaria e del Gabinetto d'historia naturale del signor principe di Biscari*, Firenze, 1776 tratto da AAVV, *La Sicilia dei viaggiatori*, Catania, Maimone, 1998, pp 39-43.

[108] Le *ntuppededde* erano in voga a Catania per la festa di Sant'Agata fino all'Ottocento. Le donne durante la festa potevano uscire da sole, mescolarsi alla folla e richiedere doni. Il travestimento, con l'istituzione

dicano i cronisti, dovette esserci lasciato dai Saraceni, a giudicare dal gran valore che ha per la donna dell'harem. Il costume componesi di un vestito elegante e severo, possibilmente nero, chiuso quasi per intero nel manto, il quale poi copre tutta la persona e lascia scoperto soltanto un occhio per vederci e per far perdere la tramontana o per fare dare al diavolo. La sola civetteria che il costume permette è una punta di guanto, una punta di stivalino, una punta di sottana o di fazzoletto ricamato, una punta di qualche cosa da far valere insomma, tanto da lasciare indovinare il rimanente. /.../

Ora eccola la coda del diavolo, quella benedetta coda che si divertea mettere sossopra tutte le buone intenzioni di cui si è lastricato l'inferno, insinuandosi fra le commessure di esse, scoprendo il rovescio dei migliori sentimenti, mettendo in luce l'altro lato delle azioni più oneste, dei fatti che sembrano avere il motivo meno indeterminato.[109]

---

del *Liber cerimoniarum*, avveniva mediante l'uso degli occhiali, cioè un velo che ricopriva interamente il volto lasciando solo due fori per intravedere. Dopo il 1693 gli occhiali furono severamente proibiti e sostituiti con mantelli e cappucci. L'usanza venne abbandonata dopo il 1868. Cfr. M.Fiume, *Sicilia esoterica...* cit., p. 113.

[109] G. Verga, *La coda del diavolo*, in *tutte le novelle*, Milano, Mondadori, 1974, pp.71-73.

La *nduppatedda*, disegno di Giusi Giugno, 2018.

Proverbi e detti siciliani sul diavolo

Lu signuruzzu i cosi i fici ritti, vinni lu diavulu e li sturciu
Dio creò un mondo giusto, poi venne il diavolo che lo storpio

Quannu lu diavulu t`alliscia voli l`arma.
Quando il diavolo ti adula vuole l`anima.

Diavulu 'mburnutu, ancilu apparebit.
Diavolo lustrato, avrà aspetto d'angelo

Lu Diavulu è suttili, e fila grossu.
Il diavolo è sottile ma fa le cose grosse

Lu Diavulu fa li cosi ammucciuni, e poi sona la campanedda.
Il Diavolo fa le cose alla chetichella e poi suona la campanella.

Cu li fimmini mancu lu diavulu ci potti
Con le donne non l'ha mai avuta vinta nemmeno il diavolo in
persona.

Figliu settiminu o diavulu o parrinu
Figlio settimino o diavolo o prete

*Si voi pruvari li peni di lu 'nfernu, lu 'vernu a Missina, e la stati a
Palermu.*
Se vuoi provare le pene dell'inferno passa l'inverno a Messina, e
l'estate a Palermo.

Gli Scongiuri siciliani

Un modo per esorcizzare

A lu pizzu di la livedda
C'è un nimicu tüntaturi
Quant'è laria la so fiùra
Fa scantari ogni criatura!
E tu chi ci dirai?
Ca cu mia non c'è chi ffari
Ca lu journu di Santa Cruci
Dissi milli voti Gèsù
Diavuli c'abbitati a Muncibeddu,
scinniti, ca vvi beni di calata
purtativi la ncunia e lu marteddu
c'è di buscari nna bobìna jurnata

Conclusione
Le conseguenze del demonio sul vulcano

Dall'antro del demonio all'eremo del santo il passo è breve. Come tutte le grotte del mondo, anche la caverna etnea nasconde significati psicologici profondi e, come simbolo della Grande Madre (ora protettiva e generatrice di vita, ora terribile e distruttrice), ha sempre due volti, è sempre specchio di opposte verità e "parla una cosa e, insieme, il suo opposto ma senza contraddirsi"[110]: protegge ed uccide; provoca repulsione o attrazione; conduce agli orrori dell'inferno o diventa un mezzo per giungere a Dio. Grandi eremiti vivendo nell'umiltà e nella povertà delle grotte hanno raggiunto la perfezione spirituale e l'estasi; così san Calogero, santa Rosalia, san Cono, per fare esempi siciliani e non guardare alla ben più ricca tradizione orientale. Questo, a quanto si racconta, è avvenuto pure nelle grotte dell'Etna.

Le conseguenze del demonio sull'Etna sono ancora evidenti, tutti i dintorni dell'Etna sono circondati da santuari, chiese con Madonne e Santi capaci di ostacolare la furia distruttrice del demonio, troviamo altarini dedicati a Madonne dell'Immacolata, Maria liberatrice dal fuoco, Madonna della Sciara (lava indurita) e santi quali Antonio, Antonino, Michele arcangelo nonché sante telluriche quali Barbara e Agata. Il velo di Sant'Agata, portato in processione durante molte eruzioni ha "protetto" Catania in diverse occasioni dal 252 al 1886, per 15 volte tra eruzioni terremoti, peste, maremoti. Tra i miracoli di sant'Agata vi sono anche alcune donne liberate dal demonio. Anche Santa Barbara protettrice dal fuoco ha avuto il suo ruolo.

---

[110] M. Nicoletti, *L'architettura delle caverne*, Roma- Bari, Laterza, 1980, p.254.

L'eruzione del 1792, autore ignoto,
Palazzo Municipale di Zafferana.

Attualmente l'Etna è tutta circondata da simboli religiosi, chiese altarini, croci come a voler proteggere religiosamente la Sicilia del vulcano. Quando le eruzioni minacciano paesi i devoti si attivano subito con processioni e preghiere. Il magma assume comunque sempre più un aspetto laico, già Bembo aveva cercato di dare una scientificità agli incendi causati dallo sfregamento dei venti nello zolfo.

L'aspetto romantico ed affascinate dell'Etna predomina quindi sulla forza distruttiva; anche se ormai il nome Mongibello sintesi della lingua latina ed araba che traduce non vulcano ma monte sembra essere stato dimenticato, gli abitanti, tendono sempre a chiamare il vulcano bonariamente con "A muntagna", forse per esorcizzarne il potere distruttivo, Bufalino ne celebra "la familiare innocenza, monte sì da slanci collerici e distruttivi, ma che non ha mai ucciso nessuno se non per accidente fortuito o imprudenza suicida" con chiaro riferimento ad Empedocle. E Maria Corti sottolinea che l'Etna "da e riceve" e, a proposito del rapporto coi siciliani: "lui dona raccolti da età dell'oro, ricchezza minerale, loro nel corso dei secolo gli donano lussuose presenze, divinità sotterranee, mostri giganteschi, immagini fantomatiche di maghe o fate, eroi bretoni....[111]

L'Etna è terribile, ma è amato dai Catanesi, *"come il popolo ama ciò che associa a tutti i suoi ricordi e anche alle sue sventure"*, scrive negli anni '50 *Guido Piovene*, nel reportage che realizzò per la Rai.

Ed è proprio lo stordimento che il monte è in grado di produrre su chiunque avventurandosi per citare ancora una volta Corti: "L'Etna come la sua euforbia tenda di stordirlo e l'uomo si intona alla melodia di quello stordimento: gli accade di sentire voci di monaci che in coro recitano il rosario; sono invece i venti segreti dell'alto dell'Etna che soffiano fra i valichi. Luogo dove ognuno di noi non è più un piccolo fantasma eccentrico sulla superficie terrestre, mentre laggiù a quindici o venti chilometri di profondità si muove il magma incandescente, il sangue del pianeta, che ogni tanto trabocca dal vaso secondo leggi che non finiremo mai di scoprire"[112]

---

[111] M.Corti, *Catasto magico, cit.*, p. 10.
[112] *Idem*, p. 92.

Bibliografia

Fonti classiche

-Aeschylus, *Fragments - Greek Tragedy.*

-Pervigilium Veneris

Aristofane, *Le Rane,* Romagnoli Ettore (traduzione a cura di) "Le Commedie di Aristofane", Zanichelli, Bologna, 1958.

-Aulo Gellio, *Noctes Atticae,* XVII.

-Cicero, *Ad Verrem,* III: 23, 44-45; IV: 51.

-Cicero De Natur Deor.

-Diodoro Siculo, *Bibliotheca Historica,* XI.

-Eliano, *La natura degli animali*

- Marco Minucio Felice, *Octavius.*

- Lucrezio, *De Rerum Natura,* VI.

-Macrobio, *Saturnalia.*

-Ovidio, *Le metamorfosi* 43 a.C.- 17 d.C.

-Pausania, *Guida alla Grecia,* libro III.

-Pindaro, *Pitica* I, *Nemea* I, *Nemea* IX.

-Pindaro, *Olimpica* VI. Pindaro, *Odes.* Luigi Cerrato (commento e traduzione a cura di), Sestri Ponente, Bruzzone, 1916

-Plinio il Giovane *Epistulae,* VI, 16 e 20.

-Plinio il Vecchio, *Naturalis Historia,* libro III.

-Polibio, *Storia Universale,* I.

-Polieno, *Stratagemmi di guerra,* V.

-Pomponio Mela, *Chorogràphia.*

-Plutarco, *Vite parallele,* 47.

-Plutarco, *Questioni romane.*

-Simonide, *frammenti greci e Liriche III.*

-Stefano Bizantino, *Etnica.*

-Strabone, *Geografia,* V, 268, Buonacciuoli Alfonso (traduzione a cura di), Venezia, Senese, 1562.

-Svetonio, *De Vita Caesarum, Caligula* Tirsi Etneo, *poemetto.*

- Tertulliano, *De paenitentia* 12, 2-4;

-Tertulliano, *Apologeticum* 48, 15;

-Tolomeo, *Geografia.*

-Tucidide, *La guerra del Peloponneso,* Libro III, 103 e libro VI, 94.3.

Savino Enzo (traduzione a cura di), Milano, Garzanti, 1992.
-Vibii Sequestris, *De fluminibus fontibus lacubus nemoribus paludibus montibus gentibus per litteras* , apud Amandum König, Bibliopolam, 1778
-Virgilio, *Eneide*, III., (trad. Annibal Caro, Milano Sonzogno, 1816).
-Virgilio (attribuito a), *AEtna*.

Fonti moderne
-anonimo, Il *Breviario siculo-gallicano, 1532*
-AA.VV., *Etna mito d'Europa*, Catania, Maimone, 1997.
-AA.VV., *Gli Argenti di Paternò dal Pergamonmuseum di Berlino*, Comune di Paternò Assessorato Cultura, catalogo mostra Paternò 24 Febbraio - 2 Aprile 2006.
-AA.VV., *Sikanie storia e civiltà della Sicilia greca*, Milano, Credito italiano Istituto veneto di arti grafiche, 1985.
-Amari Michele, *Biblioteca arabo-sicula ossia raccolta di testi arabici che toccano la geografia, la storia, la biografia e la bibliografia della Sicilia raccolti e tradotti in Italiano,* seconda ed.riveduta da U. Rizzitano, Palermo, 1997.
-Amari Susanna *Catalogo dei materiali*, in Gioconda Lamagna, *Successione stratigrafica in un saggio nell'abitato indigeno di Civita* (S. M. di Licodia – Paternò), in: Atti del IX congresso internazionale di studi sulla Sicilia antica. Istituto di storia antica Università di Palermo, Kokalos XLIII-XLIV, 1997-1998, II,1.
- Amoruso Gaetano, *Filippo di Agira, La storia le opere e i manoscritti sul Santo "Persecutore dei Demoni"*, Bonfirraro *xs 5*, Enna, 2015.
- Anicito Guido Don Vincenzo, *Della Liberazione del Feudo di Villabona, o sia Regalna dall'incendio di Mongibello*, Catania, 1785.
-Augenti Domenico, *Spettacoli nel Colosseo nelle cronache degli antichi*, Roma, L'Herma di Bretschneider, 2001.
-Bellia Placido, *Storia di Paternò*, 1808, in Angelino Cunsolo Barbaro Rapisarda, *Note storiche su Paternò* II, Paternò, Ibla,1976.
-Beloch Karl Julius, *Griechische*, Berlin, Geschitchte, 1893.
-Bembo Pietro, *De Aetna dialogus*, Venezia, Aldo Manuzio, 1495.
-Beta Simone, Della Bianca Luca, *Oinos, Il vino nella letteratura greca*, Roma, Carocci, 2002.
-Bernabò Brea Luigi, *La Sicilia prima dei Greci*, Roma, Il Saggiatore, 1960.
-Bernabò Brea Luigi, *Leggenda e archeologia nella protostoria siciliana, in* Kokalos, 196465, X-XI.

-Biffi Nicola, *L'Italia di Strabone, testo traduzione e commento dei libri V e VI della Geografia*, Bari, D.AR.FA.CL.ETI, 1988.
Bieler Ludwig, *Itineraria et alia geographica*, Turnhout 1965
-Boehringer Christof, *Hieron's Aitna und das Hieroneion, Jahrbuch für Numismatik und. Geldgeschichte*, 18, 1968.
-Boehringer Erich, *Die Münzen von Syrakus*, Berlino 1929 (ristampa anastatica Forni).
-Bonacasa Nicola, Sicily, Pa, Ass. BB.CC.AA della P.I., *Museo archeologico regionale*, Università di Palermo, Facoltà di lettere e filosofia, Istituto di archeologia, 1990.
-Bonanno Giuseppe, *Il vulcano preistorico di Paternò, Catania*, Catania, Scuola salesiana del libro, 1965.
-Borzì Salvatore, *Sicilia Schiava*, Paternò, Marchese, 1962.
-Borzì Giuseppe, Catania, *L'Etna nella sua topografia, mitologia, vulcanologia*, 1903.
-Bucolo Placido, Adrano, *Storia di Biancavilla*, 1953
-Braccesi Lorenzo, *Hesperìa: Studi sulla grecità di Occidente*, Roma, L'Erma di Bretschneider, 1998.
-Brydone Patrick, *A tour through Sicily and Malta in a series of letters to William Beckford*, New York, Evert Ducykinck, 1813.
-Caccamo Caltabiano Maria, *Why is there the head of a Silenus on the Aitna tetradrachm?*, in "Kermatia philias: timètikos tomos gia ton Iôannè Touratsoglou", Athens, Nomismatikiepigrafiki, Ministry of Culture, Numismatic Museum, 2009.
-Cafici Carmelo, *Le stazioni preistoriche di Trefontane e Poggio Rosso*, MAL, 1915.
-Cafici Carmelo, *Contributi allo studio del neolitico siciliano* - Parma, Tip. Federale, 1915. Campana Alberto *"Aitna-Inessa" Corpus Nummorum Antiquae Italiae* (Sicilia) –in Panorama Numismatico n°99, luglio 1996.
-Calì Santo, *I diavoli del Gebel, Leggendario dell'Etna*, Palermo, Gelka Editori, 1995.
-Capozzi Imbriani Poerio, *La Metempsicosi nell'animismo dei Siculi*, Roma, Ruiz, 1950.
-Carbone Serafina, Lentini Fabio, Branca Stefano, *Note illustrative della carta geologica d'Italia*, foglio 633, Paternò, Regione Sicilia, ATI, System CArt, Lac, SelCa srl, 2010.
-Caruso Fabio, *Varco del Tartaro, colonna del cielo. Immagini del mito e della*

leggenda nella regione etnea. In *"In Ima Tartara"*, catalogo della mostra Catania 15-12-2007/31-3-2008 Palermo, Regione Siciliana, 2007.

-Carrera Pietro, *Il Mongibello descritto da don Pietro Carrera in tre libri*, Catania, Senato, 1636,

-Carveni Pietro, Benfatto Santo, *I vulcani di fango di Paternò e Belpasso, sul basso versante sud-occidentale etneo*, in *Geoitalia*, 22, 2008, pp. 8-11, doi: 10.174/Geoitalia-22-04.

-Casagrandi Vincenzo, *Su due antiche città sicule, Vessa ed Inessa (AEtna)*, Acireale, tip. ed. R.Donzuso, 1894.

-Cataldi Silvio, *I processi agli strateghi ateniesi della prima spedizione in Sicilia e la politica cleoniana*, in *Processi e Politica nel mondo antico*, Milano, Vita e Pensiero, 1996.

-Cataldinus de Boncompagnis, *Rethorica Novissima* in *Bibliotheca Iuridica Medii Aevi, Scripta anecdota antiquissimorum glossatorum*, Bologna, ed. Augusto Gaudenzi, 1892

-Ciaceri Emanuele, *Culti e Miti nella storia dell'antica Sicilia*, Catania, Brancato, 2004.

Ciccotti Ettore, *La Caccia alle opere d'arte*, Roma, L'Erma" di Bretschneider, 1965.

-Claudiano, *Il rapimento di Proserpina. La guerra dei Goti*, intr., trad. e note di F. Serpa, Milano, Rizzoli, 1981.

-Comparetti Domenico, *Virgilio nel Medioevo*, Firenze, La Nuova Italia, 1941.

-Condarelli Domenico, *"La Grotta di Mompilieri"*, in Speleoetna 2, notiziario del Gruppo Grotte Catania del C.A.I. Sez. Etna, Catania,1981.

-Corti Maria, *Catasto Magico*, Torino, Einaudi,1999.

-Chisari Mimmo, Ciccia Alfio, *La Sicilia preistorica e le zone archeologiche di Paternò*, SiciliAntica, XXIII Distretto Scolastico Paternò, Nicolosi, Ass. Reg. BB. CC. AA., 2002.

-Ciurletti Gianni (a cura di), *Tabula Peutingeriana, Codex Videbonensis*, Trento, Edizioni U.C.T., 1991.

Colli Ignazio, Milano, *Leggende della Sicilia*, L'eroica, 1938.

-Ciurcina Concetta, *Nuovi rivestimenti fittili da Naxos e da altri centri della Sicilia Orientale*, Cron. Arch., XVI, 1977.

-Colonna Francesco Onorato, *Compilatio historico*, Mn inedito, 1710.

-Comellini Carla, *Sicily in D.H. Lawrence Imagery*, Bologna, Pitagora

96

Editrice, 2008.

-Contini Gianfranco, *Poeti del Duecento*, I, Milano-Napoli 1960,

-Cordiano Giuseppe, *La ginnasiarchia nelle "Poleis" dell'Occidente mediterraneo antico*, Pisa, ETS, 1997.

- Cresti Matteo Cosimo, *Fate e folletti della Toscana*, a cura di Franco Cardini, Firenze, Lucia Pugliese Editore, 2012.

-Cusumano Nicola, *I culti di Adrano ed Efesto. Religione, politica ed acculturazione in Sicilia tra il V e il IV secolo*, Kokalos XXXVIII, 1992 (1995).

-Cusumano Nicola, *Animali, culti e interazioni etniche. I ladri di mantello ad Atene e Adrano tra droit e prèdroit*, p.2.in Mythos 12, 2004-2005 (2006).

-Cusumano Nicola, *Siculi*, in "Ethne e religioni della Sicilia antica, atti del convegno internazionale", Palermo,6 -7 dicembre 2000, Roma 2006, pp. 121-145.

-Damianus Petrus, *Vita Sancti Odilionis Cluniacensis abbatis*, in PL 144, coll. 935-937, Tabulas ex MGS Privata Bibl Administator Ipse Exquisivit, trad. in Iacolino, *Le isole Eolie*, cit., pp. 236-238; cfr. anche Bernabò Brea, *Lipari*,

-Da Varazze Iacopo, *Legenda aurea con le miniature del codice Ambrosiano C 240 inf.*, testo crit. riv. e comm. a cura di G. P. Maggioni, vol. II, Firenze 2007.

-De Grossi Mazzorin Jacopo, Tagliacozzo Antonio, 1997. *Dog remains in Italy from the Neolithic to the Roman Period*. Proocedings of the 7th International Conference for Archaeozoology, ICAZ, Constance, Sept. 1994, Anthropozoologica, 25-26, 1997.

-De Grossi Mazzorin Jacopo, Tagliacozzo Antonio, 2000. *Morphological and osteological changes in the dog from the Neolithic to the Roman Period in Italy*, in (Susan J. Crockford) *Dogs Through Time*: An Archaeological Perspective, International Congress of the International Council for Archaeozoology (ICAZ '98), Victoria, BC, Canada 23-29 Agosto 1998, BAR International Series 889.

-De La Genière Juliette, *Entre Grecs et non-Grecs en Italie du Sud et Sicile*, in, AA.VV, *Forme di contatto e processi di trasformazione nelle società antiche* (Atti del convegno di Corrona, 24-30 maggio 1981, Roma-Pisa 1983.

-De Sayve Auguste, *Voyage en Sicile fait en 1820 et 1821*, Paris, Arthus Bertrand, 1822.

-Di Giacomo Vittorio, *Leggende del Diavolo*, Bologna, Cappelli, 1962.

-Di Matteo Salvo, *Paternò nove secoli di storia e di arte*, Palermo, Grafindustria, 1976.

-Di Matteo Salvo, *Viaggiatori stranieri*, Palermo, Poligraf, 2000, vol, 3.

-Di Matteo Salvo, *Viaggiatori stranieri*, Palermo, Poligraf, 2000

-Di Pietro Lombardi, *Paola Jacobus (de Voragine), La legenda aurea*, Modena, Il bulino, 2001.

-Dumézil Georges, *La religione romana arcaica*, Milano, Rizzoli, 1977.

-Dunbabin Thomas James, *The Western Greeks. The History of Sicily and South Italy from the Foundation of the Greek Colonies to 480 B.C.*, Oxford, 1948.

-Goethe Johann Wolfgang, *Viaggio in Italia, 1817*, Milano, Mondadori, 2017.

-Gotti Vincenzo Ludovico, *La vera Chiesa di Cristo dimostrata da' segni, e da' dogmi contra i* due *libri di V. Di Giacomo Picenino intitolati Apologia per i riformatori, e per la Religione Riformata, e trionfo della Vera Religione*, Bologna, Pisarri, 1719.

-Graf Arturo, Milano, *Miti, Leggende e Superstizioni del Medio Evo*, Mondadori, (ed. or. 1892-1893, 2 voll., Torino), 1984.

-Fazello Tommaso, *De Rebus Siculis decades duae*, Francoforti ad Moenum, Wechelum, 1579. Graf Arturo, *Miti, leggende e superstizioni del Medio Evo*, Mondadori, Milano,1996.

-Fazello Tommaso, *Le Due Deche dell'historia di Sicilia,* nel capitolo *Del Monte Etna & de' suoi fuochi* del libro secondo, Venezia, Domenico e G.Battista Guerra, 1575.

- Fiume Marinella, introduzione in S. Calì, *I diavoli del Gebel, Leggendario dell'Etna*, Palermo, Gelka Editori, 1995

-Fiume Marinella, *Sicilia esoterica*, Roma, Newton Compton, 2017.

-Gaetani Ottavio, *Vitae Sanctorum Siculorum*, Palermo, 1657.

-Garbini Paolo, *Il Visibilio Funesto: I Vulcani nel Medioevo latino*, Relazione presentata in occasione degli "Incontri di Studio del M.Æ.S." Università di Bologna, 9 maggio 2008.

-Gemmellaro Carlo, *La Vulcanologia dell'Etna*, Catania, 1858.

-Giordano Francesco, *Il Culto di Santa Maria dell'Alto a Messina e Paternò: una interessante e misteriosa analogia in Ricerche*, Catania, CRES, anno 13 n 2 Luglio-Dicembre 2009.

- Giuliano di Vézelay, *Discorsi*; SC 192 in Jacques Le Goff nel suo: *La naissance du Purgatoire*, Paris, 1980.

-Goethe Johann Wolfgang, *Viaggio in Italia, 1817*, Milano, Mondadori, 2017.

- Gregorio di Tours, *Liber de cursibus ecclesiasticis*, 580 ca.

-Gregorio Magno (san), (curatori M.Simonetti, S,Pricoco), *Storie di santi e di diavoli. Dialoghi*, vol 1, libri I.II, Milano, Mondadori, 2006

-Holm Adolfo, *Catania Antica*, Libreria Tirelli, Catania (traduzione italiana di G. Libertini), 1925.

-Holm Andreas, *Storia della moneta siciliana fino all'età di Augusto*, L'Erma" di Bretschneider, 1964.

- Hoüel Jean Pierre, Voyage pittoresque des îles de Sicile, de Malte et de Lipari, Paris, de l'imprimerie de monsieur, 1784.

-Iodice Maria Grazia (a cura di), Appendix Vergiliana, Milano, Mondadori, 2002.

-James-Raoul Danièle, *Monts et merveilles romanesque*, in *La montagne dans le texte médiéval. Entre mythe et réalité.* Textes réunis par C. Thomasset et D. James-Raoul, Paris 2000.

- Kircher Athanasius, *Ætnae Descriptio*, Tomo I, Capitolo VIII del Libro IV, terza edizione, in Mundus subterraneus in XII libros digestus, 1678.

-La Rosa Vincenzo, *Le popolazioni della Sicilia: Sicani, Siculi, Elimi*, in Giovanni Pugliese Caratelli (a cura di), *Italia. Antica Madre*. Collana di studi sull'Italia antica. vol. *Italia omnium terrarum parens*, Milano, Scheiwiller-Credito Italiano1989.

-La Rosa Vincenzo, *Due antefisse sicule dipinte*, Cron. Arch., VI, 1967.

-Le Goff Jacques, *La naissance du Purgatoire*, Paris, 1980.

-Le Goff Jacques, *La nascita del Purgatorio*, Torino 1996 (2a ed.), pp. 99-107.

-Levi Annalina, Levi Mario, *Itineraria picta: Contributo allo studio della Tabula Peutingeriana*, Roma, Bretschneider, 1967.

- Libertini G., nota in A. Holm, *Catania Antica*, Catania, Libreria Tirelli, 1925

-Lo Presti Salvatore, *Memorie storiche di Catania*, Minerva, Catania, 1957.

-Manganaro Giacomo, *Antologia greca*, VI, Munchen H.Beckby, 1957.

-Manfredi Nicoletti, *L'architettura delle caverne*, Roma- Bari, Laterza, 1980.

-Marinone Nino, Fiocchi Laura, *Il processo di Verre*, vol.I, Milano, BUR, Rizzoli,1992.

- Marlowe Cristopher, *The tragical history od Doctor Faustus*, 1590 ca.

-Mason Edmund J., 1985, "*Grotte fra storia e leggenda*", in Atti e Memorie della Commissione Grotte "E. Boegan", Vol. 24, Trieste; 111-123.

-Massa Giovanni Andrea, 1709, *La Sicilia in prospettiva*, 2 voll., Palermo (ristampa anastatica, Studio Editoriale Insulvia, Milano, 1977).

-Massa Morella *Bibliografia Topografica, voce Inessa*, Scuola Normale Superiore di Pisa, Ecole Française de Rome, Centre Jean Bérard Naples diretta da Giuseppe Nenci e Georges Vallet, Pisa-Roma 1990.

- Merola Valeria, *La fortuna del mito dell'Etna tra 500 e 600*, in Studi e testi italiani a c. di Siriana Sgavicchia, Bulzoni, Roma 2004.

-Messina Calogero, *Immagine di Sicilia*, Palermo, Herbita, 1988.

-Messina Giuseppe, *Dizionario di mitologia classica*, Roma, Angelo Signorelli, 1960.

- Monachi, *De vita et virtutis sancti Odilonis abbatis*, in PL 142, Jotsaldi coll. 926-927; trad. in Le Goff, *La nascita*,

-Morabito Francesco, *Catania liberata*, *poema*, Bonaventura La Rocca, Catania, 166

-Orsi Paolo, *Megara Hyblaea. Villaggio neolitico e tempio arcaico e di taluni singolarissimi vasi di Paternò*, MAL. XXXVII, 1921.

-Orsi Paolo, *IX, Paternò Tesoro di argenterie greco-romane*, in "Notizie degli scavi"1912. Orsi Paolo, *Sepolcro siculo a Paternò* in "Notizie degli Scavi", 1909.

-Orsi Paolo, *Resoconto Preliminare degli scavi, scoperte e ricognizioni archeologiche nel sudest della Sicilia,* Paternò, NSA, 1903.

-Oldoni Massimo, A Fantasia dicitur fantasma: Gerberto e la sua storia, II, Centro italiano di studi sull'alto medioevo, 1980.

-Pace Biagio, *Arte e civiltà della Sicilia Antica cultura e vita religiosa*, Roma, Società anonima editrice Dante Alighieri, 1945.

-Pessina Andrea - Muscio Giuseppe (a cura di), *Il Neolitico attorno alla piana di Catania: l'insediamento preistorico presso le Salinelle di S. Marco (Paternò)*, in La Neolitizzazione tra Oriente e Occidente, Udine, Maniscolco, 2000.

-Padalino Giuseppe, *Mompileri*, Catania, Santuario,1980.

-Petrarca Francesco, *Canzoniere*, testo critico e introduzione di G. Contini, annotazioni di D. Ponchiroli, Torino 1980

-Petronio Russo Salvatore, Messina, *Della vita e del culto di S. Nicolò Politi eremita*, 3 voll., 1880.

-Pitrè Giuseppe, 1870-1913, *Fiabe e leggende popolari* (ristampa anastatica, Forni, Bologna, 1981; la traduzione dal siciliano della leggenda di Lucifero e san Michele è di Fiorella Giacalone, *Principi, Sirene e contadini,* Jaca Book, 1989).

-Pitrè Giuseppe, *La Biblioteca delle tradizioni popolari,*1870-1913

-Platania Francesco, Catania, "Si riapre al culto la chiesa di S. Gaetano", *Prospettive,* 1989.

-Raccuglia Salvatore, "*Leggende popolari acitane*", in ASTP, XXII, Clausen, Torino; 227-244, 1903

-Raccuglia Salvatore, "*Leggende popolari siciliane*", in ASTP, XXIV, Clausen, Torino; 23-28. 1909

-Radice Benedetto, *Memorie storiche di Bronte,* Bronte, Banca Mutua Popolare di Bronte, 1984.

- Randazzo Padre Luigi, *Cenni di vita di Padre Michele Moncada sacerdote cappuccino,* Adrano, Gemmellaro, 1930

-Rapisarda Tripi Barbaro, *Paternò tra due torri,* Paternò, Ass. Cult. B. Rapisarda, 2003.

-Rapisarda Carmine, *Culti miti e leggende nel territorio di Paternò,* Paternò, associazione culturale B. Rapisarda, 2002.

-Rapisarda Carmine, *Il culto di S. Barbara nel mondo,* Catania, e.d.a., 2007.

-Rapisarda Carmine, Rizzo Concettina, *Gli Affreschi nel Castello di Paternò,* S. M. di Licodia, AS, 1995

-Rapisarda Carmine, *Simeto, Aci e Galatea* in Netmagazine n 3, Paternò, marzo 2012.

-Rapisarda Carmine, *Paternò esoterica,* Catania, Eda, 2011.

-Rapisarda Carmine, *Paternò Medievale,* S.M.di Licodia, AESSE, 1999.

-Rapisarda Carmine, *Inessa Etna e il tempio di Efesto,* NW, LULU, 2012

Rapisarda Carmine, D.H. *Lawrence e la Sicilia,* EDA, 2017.

-Rapisarda Carmine, *D. H. Lawrence and Sicily,* Raleigh, LULU, 2012.

-Rapisarda Carmine, *Novara di Sicilia tra leggende e tradizioni,* Raleigh, EDA, 2012.

-Rapisarda Natale, *Contributo alla preistoria sicula: ricerche sulle due antiche città Etnee, Inessa-Aetna ed Ibla,* Catania, Galeotis, 1914.

-Rapisarda Natale, *Sul sito di due antiche città Etnee Inessa-Aetna ed Ibla Galeotis,* Catania, Giannotta, 1913.

-Rasà Napoli Giuseppe, *Guida alle chiese di Catania,* Tringale Editore, Catania, s.d.

-Reclus Eliseo, 1866, *La Sicile et l'eruption de l'Etna*, Paris (traduzione italiana *La Sicilia, due viaggi di F. Bourquelot ed E. Reclus*, con prefazione e note di E. Navarro Della Miraglia, Fratelli Treves Editori, Milano, 1873).

-Riccobono Franz, Tempio Antonio, *Imago Aetnae*, Catania, Domenico Sanfilippo, 2005.

-Richard, MacDonald, William L., McAlister, Marian Holland *The Princeton Encyclopedia of Classical Sites*, Princeton University Press, 1976.

-Rizza Giovanni, De Miro Ernesto, Le arti figurative dalle origini al V secolo a.C., in AA.VV. Sikanie, *Storia e civiltà della Sicilia greca*, Milano, Garzanti, 1985.

-Rizza Giovanni, De Miro Ernesto, Le arti figurative dalle origini al V secolo a.C., in AA.VV. Sikanie, *Storia e civiltà della Sicilia greca*, Milano, Garzanti, 1985.

-Rizza Giovanni, *Scavi e ricerche nel territorio di Paternò*, in Bollettini d'Arte, XXXIX, 1954.

-Rizzo Giulio Emanuele, *Di una statua fittile di Inessa e di alcuni caratteri dell'arte siceliota*, Stabilimento Tipografico della Regia Università, Catania, 1904.

-Rizzo Giulio Emanuele, *Monete greche della Sicilia descritte ed illustrate*, Roma, 1946.

-Romeo Rosario, *Storia della Sicilia*, Napoli, Edizioni del Sole, 1979.

-Ross Holloway R., *Archeologia della Sicilia Antica*, Torino, Società Editrice Internazionale, 1995.

-Salinas Antonio, *Le monete delle antiche città di Sicilia*, Palermo, F. Lao, 1867, p. 49, n. 470, tav. XVIII, n. 17 .

-Santacroce Roberto – M. Di Paola, *Myths and Volcanoes*, «Acta Vulcanologica» XVIII, Roma, Fabrizio Serra Editore, 2006,

-Savasta Gaetano, *Memorie storiche della città di Paternò*, Paternò, Galati, 1905.

-Scalisi Lina (a cura di), *L'ideale urbano dall'antichità al Settecento*, Catania, Domenico Sanfilippo, 2009.

-Silvestri Orazio, *Un viaggio all'Etna*, Torino, Ermanno Loescher, 1879

- Shakespeare William, *Titus Anronicus*

-Siviglia Di Isidoro, *Etimologie o Origini di Isidoro di Siviglia*, ed. e trad. a cura di A. Valastro Canale, vol. II, Torino 2004

-Smith William, *A Dictionary of Greek and Roman geography*, London:

Walton & Maberly, 1854, Vol. I.

-Speciale Nicolò, *Liber de gestis Siculorum sub Friderico rege et suis*, sec XIV (Anonimo, *Volgarizzamento (il) siciliano del Liber de gestis Siculorum sub Friderico rege et suis di Niccolò Speciale* (siciliano).

-Speciale Nicolò, *cronico*, libro VII.

-Strange Joseph, *Caesarii Heisterbacensis monachi Ordinis Cisterciensis Dialogus miraculorum*, II, Köln-Bonn-Bruxelles, 1851

-Tedeschi Don Tommaso, *Breve ragguaglio degl'incendi di Mongibello avvenuti in quest'anno 1669, composto dal signor don Tomaso Tedeschi e Paternò*, Longo, 1669.

-Tafur Pero, *Andanças e viajes por diversas partes del mundo*, scritte dopo il 1453, introd. Marco Jemenez de la Espada, Madrid, 1874.

-Tempio Antonio, *Da Aitne ad Aetna, il vulcano nell'Antichità classica* in Riccobono Franz, Tempio Antonio, *Imago Aetnae*, Catania, Domenico Sanfilippo, 2005.

-Tasso Torquato, *Gerusalemme liberata,*1581

-Tusa Sebastiano, *La Sicilia nella preistoria*, Palermo, Sellerio, 1983.

-Van Buren Elisabeth Douglas, *Archaic Fictile Revetments in Sicily and Magna Graecia*, Washington D.C. 1973.

-Verga Giovanni, La coda del diavolo, in tutte le novelle, Mondadori, Milano, 1974

-Virzì Salvatore Calogero, 1984, *La Chiesa di Santa Maria di Randazzo*, supplemento al Randazzo notizie, n.10.

-Vuillier Gaston, *La Sicilia, Impressioni del presente e del passato*, Milano, C.Treves, 1897,

-Vuillier Gaston, La Sicile, impressions du présent et du passé, Paris, Librarie Hachette, 1896.

- Willibaldi, *Vita Episcopi Eichstetensis*, ed. Oswald Holder Hegger, MGH Scriptores, *SS*, 15, I, Hannover 1887,

-Yourcenar Marguerite, *Mémoires d'Hadrien*, Paris, Plon, 1951.

Sitografia

https://it.wikipedia.org/wiki/Pii_fratres#Storia
http://www.vulcanospeleology.org/sym09/ISV9Iag.pdf
https://it.wikipedia.org/wiki/Gatto_Mammone
http://xoomer.alice.it/fudelle/consolationes.htm
http://www.accademiadeglizelanti.it/2003/viaggiatori,guide.pdf
https://le-citazioni.it/frasi/187578-joseph-hermann-von-riedesel-se-vi-
e-luogo-sulla-terra-che-rappresenti-la-deso/
http://www.meteoweb.eu/2017/10/sicilia-un-algoritmo-risolve-il-
mistero-della-famosa-lettera-al-
diavolo/983246/#rIf6WqukpIXHh7gO.99
http://www.lumaromilazzo.com/etna/
https://archeonexus.wordpress.com/2013/06/22/leggende-delletna-
pt-1/
http://www.lumaromilazzo.com/etna/
http://ricerca.repubblica.it/repubblica/archivio/repubblica/2006/11/
28/il-testamento-di-nelson-sul-castello-di.html
https://www.facebook.com/LudumMuseodellaScienzaCatania/posts/1
e-orme-del-diavolola-storia-della-tradizione-popolare-siciliana-anche-
per-via-d/1677382545715295/
https://www.lamiasicilia.org/storie-e-leggende/ san-giorgio-e-diavolo
http://www.sampognaro.it/storie_e_leggende_siciliane.htm
Zaira La Paglia in http://www.vivict.it/usi-e-costumi/misteri-sicilia-
diavolo-sicilia/
http://www.bronteinsieme.it/3pe/Memorie%20storiche/flor_12.htm
http://www.webalice.it/giovanni.sammataro/pit/zuppiddu.htm
https://it.wikipedia.org/wiki/Mappamondo_di_Ebstorf
http://xoomer.alice.it/fudelle/consolationes.htm
http://www.accademiadeglizelanti.it/2003/viaggiatori,guide.pdf
http://www.ilcerchiodellaluna.it/central_Ruo_Eleusi.htm
http://it.wikipedia.org/wiki/Inessa   http://www.rodoni.ch/TESTI-
PER- http://anticamadre.net/testipdf/I_Quaderni_di_Ipatia_02.pdf

H.Waldow, *Ricordo di Sicilia*, litografia, mm 352 x 242, 1840 *ca*

S. NICOLÒ POLITI EREMITA D'ADERNÒ

Indice

Finito di stampare nel mese di dicembre 2018
per conto dell'autore

carmine.rapisarda@unict.it

www.ingramcontent.com/pod-product-compliance
Lightning Source LLC
Chambersburg PA
CBHW060414290526
45791CB00002B/746